神さま仏さまが教えてくれた

迷いをすっきり消す方法

真言宗尼僧
悟東あすか

ダイヤモンド社

はじめに

この本を手に取ったあなたは今、人生で何らかの困難を抱えているのかもしれません。

人生には、思い通りにならないことが起こります。

行きたい学校や会社の試験に落ちてしまった。仕事で失敗した。人間関係がうまくいかない……。

時には、青天のへきれきのような出来事が起きたり、絶望してしまうような状況になったりすることもあるでしょう。また、表面上はうまくいっていても、心の中は満たされず、このままでいいのかと自問自答することもあるかもしれません。

でも、そうやって思い悩んだ時こそ、気づいていただきたいのです。

どんなに厳しい状況でも、ご神仏は必ずあなたを見守ってくださっています。そして、そんな時こそ、人生を変えて、幸せになるための大きなチャンスが訪れています。

実は、迷いや悩みには、役割があります。

たとえば、苦しんで迷走した末に、思いもかけない新たな道が開けることがありますね。

また、抱えている問題とひたすら向き合ったからこそ、自分の改めるべき点に気づき、新たな自分に生まれ変わるきっかけを得る場合もあります。

つまり、迷いや悩みの役割とは、脇道にそれかけていた人生を本来の自分の道に戻すこと。また、自分の未熟さに気づき、成長することなのです。

役割が終われば御役ご免になり、心のモヤモヤはスッと消えていきます。

しかし、人間の力だけでは、なかなかそのことに気づけません。

同じ問題で堂々巡りしたり、どちらに進めばいいのかわからずに混乱したりしてしまうものです。

ですから、そんな時こそご神仏の力を借りて導いてもらうのです。

たとえて言うなら、私たちは目隠しをして進んでいるような状態だと思ってください。

ご神仏はガイド役となって、転ばないように私たちの手を引き、幸福な人生へと導いてくださいます。仏教の経典は、私たちの進むべき道を示すガイドブックとも言えるでしょう。

私はこれまで、高野山真言宗《こうやさんしんごんしゅう》の尼僧（真言行者《しんごんぎょうじゃ》）として、長年ご神仏を拝んで参りました。仏道に入門して、30年以上たちます。

所属寺院は高野山にありますが、ふだんは自宅にある手作りの密壇に、私の本尊である不動明王《みょうおう》をお祀《まつ》りして祈り、同時に漫画家としても活動しています。また娘をもつ母であり、年老いた親をもつ一家の主婦でもあります。

かく言う私も、幼い頃から「見えないもの」の存在を感じ、悩まされることもありましたが、得度《とくど》を機にお大師《だいし》さま（真言宗の始祖、弘法大師空海）にお願いし、今では本尊さまに祈る時だけご神仏とつながり、その能力を使えるようになりました。

仏教の教えを少しでも知っていただきたいと執筆活動やお話し会などをおこないな

がら、死ぬまで修行を続けるのが真言行者というものだと思い、今でも学びを続ける日々です。

みなさんにこうしてさまざまなことをお知らせするためにも、学びの機会はできるだけ逃さないようにしています。高野山をはじめとする日本各地で大阿闍梨《だいあじゃり》さまが開かれる伝授会には、ご縁があれば可能な限り通わせていただいています。学べば学ぶほど、まだ足りないと思えて、もっともっと学びたいというのが実情です。

私たちが問題に突き当たる時、そこには必ずご神仏の意図があると言っても過言ではありません。つまり、もし今「どうしたらいいだろう」「なんとかしなければ」と思うのであれば、ご神仏があなたのためにその状況を起こしてくれているとも言えるのです。

もちろん悩みの渦中にあるとしたら、すぐにはうなずけないでしょう。でも、出口のない迷路にいるような状況を単なる「不幸」で片づけてしまったら、本当にもったいないと私は思うのです。

たとえ今、どんなに苦しく悩んでいたとしても大丈夫です。

私たちにとって一番必要なことを本人にわかるような形で教え、心安らかな毎日に変えてくれるのが、ご神仏の働きです。

この本では、そんなご神仏のお力をいただいて、今あなたの心の中にある迷いや悩みをしっかり自分で受け取った後に消し去り、晴れ晴れとした心で願いを叶えていく方法をお伝えしていきます。

本来、私たちが生きているということは本当に奇跡的で、幸せなことです。

しかし、その幸せは、ふだん「苦しみ」という名のベールでおおわれていて、実感することが難しくなっています。その苦しみのベールをはがす方法を示すのが仏教であり、ご神仏はその実践の導き手です。

あなたがこれからの毎日をご神仏の優しさや慈《いつく》しみをたっぷり受け取り、その導きを確実に受けて過ごしていけるよう、心を込めてお話しいたします。

真言宗尼僧　悟東あすか

神さま仏さまが教えてくれた
迷いをすっきり消す方法／目次

第一章 ご神仏の導きを受け取る

第二章 ご神仏が教えてくれた迷いや悩みの解消法

第三章 ご利益が倍になる ご神仏とのつながり方

第四章 福の神とのご縁を深める

第五章

迷いを幸運に変える

第一章

ご神仏の導きを受け取る

ご神仏のアドバイスはあなたにも届いている

私は悩みを抱える方からご相談をいただくことが多々あります。

定期的に開いているお話し会やイベント会場でご相談を受けることが多いのですが、他にも、知人から「ひどく悩んでいる人がいるから、ぜひ会ってもらえないか」と言われる場合もありますし、突然、見知らぬ方からＳＮＳ経由でご相談のメールやメッセージをいただくこともあります。

そうした方の中には時に、人の目には見えない、あまりよろしくない「もの」を山のように抱えてこられる方もいらっしゃいます。普通なら一歩二歩ならず、三歩も四歩も退きたいと思ってしまうようなこともあります。

でも、私は真言宗の尼僧です。そして、私がご本尊とするお不動さまがいつも守ってくれるので心配ありません。

ですから、そうして私を頼ってこられる方々の深刻なご相談内容に少しでも怖気づくと、お不動さまからはこう叱られてしまうのです。

「わしの力が信じられんのか！」

その言葉には、ぐうの音も出ません。解決するのは、私ではなくお不動さまだからです。


ご相談をいただいた際には、ご神仏にお祈りして何らかの答えをいただき、それをお伝えしたり、即座にお不動さまが動いてくださったりします。

ただし、ご相談の内容によっては、その分野を得意とされる別のご神仏にお願いすることもあります。

私は日々、お不動さまと一体になるための真言宗の修法である不動法をおこなっています。

真言密教の修法（真言僧がおこなう祈り）に、「入我我入《にゅうががにゅう》」と呼ばれる「仏が我に入り我が仏に入る」という仏と一体化させていただくものがあります。そのように毎日祈り込んでいくことで、仏と一体となる修練を積んでいます。

私にとっては、この修法のおかげがあって助けられていますし、人さまのお役に少しでも立てるのであれば、このおかげさまなのです。

僧侶としてさまざまな方と接していると、どんなことが起きたとしても、そこにご神仏の力が働いていると実感する場面がたくさんあります。

私自身も、「ああ、仏さまは私のことを見てくださっていたから、あの時、あの出来事を起こしてくださったんだな」と思うことばかりです。

しかし、やはり私たち自身が「ご神仏の導きを受け取るぞ」という意識をもつ必要があると、日々つくづく感じています。

実は、ご神仏からのメッセージはあなたのもとにいつでも届いています。

なのに、「自分にはわからない」「私に聞こえるわけがない」というかたくなな思い込みが、あなたの耳や目を曇らせている可能性が大きいのです。

まずは「気のせい」でもいいので、「これがご神仏の言葉かもしれない」「もしかするとメッセージかも」と感じたことに心から納得がいくのであれば、それをメッセージとして受け取っていってください。

ご神仏は、本人にわかるような形でメッセージを送ってくださいます。

もちろん、私たち僧侶がお役に立てる場合も多くあります。つらい胸の内をうかがい、仏の教えを役立てていただけるよう言葉を尽くしてお話しし、悩みの内容によっては福祉事務所や行政の法律相談所などをご紹介する場合もあります。しかしお互い人間ですから、どんなに心を砕いても相手の心に届かない場合も時にはあるのです。

でも、ご神仏の働きは違います。その人に必ず届くように、メッセージや手助けを送る方法を知っているのがご神仏です。ですから、人間側もそのお力をきちんと受け取れるような心の準備をしておく必要があるのです。

確かに、世の中には見えない世界の情報を受け取る能力に秀でた人もいます。しかし、どんなに優秀な霊能力者や行者であっても、あなたのことをすべてわかっているわけではありません。あなたを一番理解しているのはあなた自身です。

また、人の言葉に頼ってしまうと、ご神仏からのメッセージを受け取る能力が伸びません。人には「頼りグセ」があるので、その人に依存してしまいかねないのです。

かなり前のことになりますが、ある新興宗教の信者さんからしつこく勧誘されたことがあります。「私は真言宗の僧侶だから」と何度断っても、その人にはそんなことは関係ないようでした。むしろ既存の仏教などけしからん、という風情で、あきらめる気配がありません。

その人があまりにも熱心にその宗教で起こった奇跡を説かれるので、私は逆に質問してみました。

「それであなたに、どんな奇跡が起こったんですか？　それだけ言われるのでしたら、あなたもきっと奇跡を目の当たりにしているはずですよね」

すると突然、その人の顔が暗くなってしまったのです。

「いや、その、うーん……」

そう言葉に詰まると、それきり、あれほど執拗だった勧誘がぴたりとやみました。

きっと、奇跡がいつか起こるはずと、ずっとがんばってこられた人だったのでしょう。

自分以外の人に依存するのではなく、大いなる存在であるご神仏とつながって、本当に必要なメッセージを自分で感じ取っていく練習をすることが重要です。少しずつ続けていけば、それは必ずできるようになります。

逆に、ご神仏を日々意識して感覚を磨き続けなければ、その感覚は退化してしまいます。

誰か他人を頼り切って自分の直感や思いを放棄してしまってはいけないし、自分で考え、感じることを怠けてしまってはいけないのです。

私たちを見守り導く神さま仏さま

「ご神仏」とは文字通り、神さまや仏さまのことです。

現代では一般的に、神さまは神社に、仏さまはお寺に祀られています。

しかし明治時代になるまで、お寺と神社は明確には区別されず、神さまも仏さまも一緒に祀られていました。これを「神仏習合《しんぶつしゅうごう》」と言います。

現代でも、お寺の境内に鳥居があったり、神さまが祀られたりしていることがありますね。

また、伝統的な日本の家には神棚と仏壇の両方が祀られています。これは日本独特の素晴らしい信仰の形だと思います。

古来、日本という国には、日本固有の神々がいらっしゃいましたが、その後、さまざまな神が来られて祀られるようになりました。やがて7世紀に入り、日本に仏教が伝来した際に、私たちの先祖は神さまと同じように仏さまをお祀りし、信仰の対象としてきました。

そうした長い歴史の中で、私たち日本人の心には、神さまも仏さまも分け隔《へだ》てなく敬い、そのご加護を願うという信仰が根づいてきたのです。

仏教（真言密教）では、さまざまな神さまも仏さまも含め、宇宙に存在するすべてのものは草木も人も動物も大日如来《だいにちにょらい》さまの現れだと考えます。

大日如来さまは、宇宙を含めあらゆる世界そのものを表す仏さまです。ご神仏はそのお働きによって、「如来」「菩薩《ぼさつ》」「明王」「天」の四部に分かれますが、いずれの仏さまも大日如来さまのお姿のひとつであり、お力なのです。

大日如来さまのお力は、日本に古くから祀られてきた神道の神々を通しても現れます。その神々に敬意を表し、私たち真言宗の僧が修法する際には必ず、中で日本古来の神々への祈りを捧げます。

私は僧侶ですので、この本では仏さまについてのお話が多くなると思いますが、こういった日本文化や伝統を踏まえて、この本では神道の神さまも含めて「ご神仏」という表現を使わせていただきます。

「八《や》百万《およろず》の神」という表現があるように、日本には多くの神さまがいらっしゃいます。また、この世のあらゆるところに仏さまがいらっしゃいます。私たちはそれらのご存在に守られているということに、まず気づいていただければと思います。

あなたに送られたメッセージの読み解き方

ご神仏は、どんな時も私たちを見捨てることはなく、手を差し伸べてくださっています。

神さまや仏さまは、いつも私たちを不思議な力で守り、導いているのです。

そう聞いて、あなたは正直なところ、次のように感じるかもしれません。

「そうかもしれないけど、実感がない」

「お寺や神社を巡るとご神仏の存在を感じることもあるが、ふだんはわからない」

「ご神仏がいるなら、なぜその存在に気づけないのだろう」

しかし、不思議な導きは、いつも身近で起きているものです。

たとえば先日、私があわてて外出しようとしていたところ、部屋で物につまずいて我に返り、ふとカレンダーを見たら、日にちを間違えていたということがありました。

それで私は、日々の忙しさに翻弄され、落ち着いて物事に取り組む丁寧さを忘れていたことに気づいたのでした。そして、こんな小さな出来事でさえ、ご神仏が何かを教えようとしてくれているのだとありがたく思いました。

もし毎日気を張ってがんばっているとしたら、心がふっとゆるんで楽になるように、日々悩んでいるとしたら解決のための糸口になるように、ご神仏はいつでも私たちに働きかけ、メッセージを送ってくれているのです。


では、日常生活の中に、どんなメッセージがあるでしょうか。

時として「自然が説法する」ということもあります。ご神仏は「自然」を使ってあなたにメッセージを送るのです。

その一例をご紹介しましょう。


▒寺社にお参りに行って、突然、気持ちのいい風が吹いてきたり、陽射しが差し込んできたり、降っていた雨がやんだりするのは、ご神仏からの歓迎のしるし

■問題解決のアイディアが浮かんだ時に、風が窓からサッと吹き込んできたり、急に雲が晴れて太陽が出てきたりするのは、「それでOK」というメッセージ

■考え事をしていて行き詰まり、ふと顔を上げた時に、気持ちいい風がスーッと吹いてきたら、ご神仏が応援してくれているというメッセージ

■亡くなった方のことを思っている時に、蝶々が飛んできて近くでヒラヒラと舞うのは、思いが届いているということ

また、実際に会った人の言葉や偶然聞こえてきた会話、たまたま見たドラマや目に入ったポスター、あるいは、ふと聞こえてきた音楽や読んだ本の一節などを通して、ご神仏がメッセージを届けることも多々あります。

次のように感じたら、まず間違いないと言っていいと思います。

▒ふだんは気にならないのに、なぜかその文言が記憶に残った
▒同じ言葉に何度も連続して出合った
▒その言葉に接した時、「あれ、これがメッセージかな?」と思った

特に、同じ言葉を何度も見聞きする場合は、ご神仏があなたに一所懸命メッセージを送っている時です。

これらを、偶然や気のせいで片づけてしまうこともできます。でも、すべて意味があって起きていることであり、私たちに向けてのメッセージだと考えていいのです。

真言密教には、「法身《ほっしん》説法」（「説法」は仏教の教えを説くこと）という言葉があります。この世のすべてのものが大日如来（法身）さまの現れなので、ありとあらゆるものが身をもって、法（仏教の教え）を説いてくれる。つまり、私たちを助けてくれるのです。

ご神仏は世界に存在するもの全部、机も椅子もコップも、もちろん人も自然も、私たちのまわりにあるものすべてを使って、私たちに説法しているのです。

つまり世の中は、自分に対する助言に満ちあふれているのです。

ご神仏とつながっている証拠とは

時折、自分では想像もつかないようなすごいアイディアを思いついたり、問題や課題の解決策がふと頭に浮かんだりすることがありませんか？

また、明確な理由はないのに「ここに行きたい」「これをやりたい」「こっちがいい」という直感が湧いてきたことはありませんか？

それらのひらめきや直感は、自分ひとりで得たものではありません。すべて、あなたと関わるご神仏から送られた情報をキャッチした結果、浮かんできたものです。

それを、自分の才能だと傲慢になったり、「気のせい」と否定したりしてしまうのは、とてもおこがましいことなのです。

もちろん、常にご神仏の存在ばかり意識していると、日常生活ができません。ですから、ふだんは自分のやるべきことを一所懸命することが大事です。

そんなあなたを、ご神仏はいつも見守っておられます。

私たちはご神仏といつでもつながっていて、あなたが望みさえすれば、確実にその力をいただくことができるのです。


では、ご神仏はどこから来て、あなたを助け導くのでしょうか。

はるか遠い天上界からはるばるやって来るのではありません。ご神仏は「私たちの中」にいます。そのご加護やメッセージがどこから届くかというと、他でもない、心を通してやって来るのです。

私たちの心の中には必ずご神仏との窓口があります。そして、そこを通して誰もが自分に縁のある神さま仏さまとつながっています。さらには、世の中すべてのご神仏とつながっているのです。

ご神仏は私たちの心の中で、いつでもスタンバイしてくださっている人生の助っ人です。世界中どこにいても、あなたが祈ったり助けを求めたりすれば、迅速にやって来てくれるのです。

毘沙門天さまのお使いが現れた！

ご神仏は、時にユニークな方法でご自身の存在やメッセージを伝えてくださいます。「え！　こんなことが起きるの⁉」と驚く不思議な出来事も起こるので、心を柔軟にしてメッセージを受け取ってください。

これについては、わが家で起きた面白い一例をご紹介しましょう。

数年前のこと、毘沙門天《びしゃもん》さまが眷属《けんぞく》（ご神仏の使い）を遣わして、娘のしつけをしてくださったことがありました。

娘が中学生の頃のことです。

わが家には、お不動さまの他に何尊かのご神仏をお祀りしているのですが、その中に毘沙門天さまもいらっしゃいます。

親バカではありますが、娘は割と素直で、何でも話してくれる性格です。でも思春期の頃は、たまにウソをつくことがありました。

ある日、娘が「学校に行く」と言って出かけていきました。娘が帰ってくると、娘の机の下から体長15センチはあろうかという大きなムカデが、にょろにょろと這い出てきたのです。

当時住んでいたマンションは2階で、ムカデが出るような環境ではありません。驚きながらもなんとかつかまえ、近くの山に逃がしてやりました。

家に戻り、脱ぎ散らかしてあった娘の洋服を片づけようとしたところ、ポケットから書店のレシートが出てきました。何気なく見ると、精算時間が娘が学校へ行っていたはずの時刻です。

アッと思い、「今日、学校へ行ってないでしょう？」と聞くと、娘は「ごめんなさい。友達と本を探しに行ってました」と白状しました。

ムカデは、毘沙門天さまの眷属です。

毘沙門天さまは、勝負運を司《つかさど》る神さまでもあり、絶対に後ろへ下がらないムカデを眷属として遣わされることがあります。

毘沙門天さまはウソが嫌いな神さまでもあるので、私は「もしや」と思ったのでした。

それから数か月後、娘の机の下から同じようにムカデが出てきました。

前回のことを思い出し、ちょうど外出から帰っていた娘に「ねえ、今日ウソをついてない？」と聞いてみました。

ムカデを見て顔面蒼白になった娘はすぐに謝り、自分の用事のために学校をサボっていたことを白状したのでした。

その後も同じ出来事がもう一度あり、さすがに娘も懲《こ》りたようです。

それからは、学校をサボって自分のやりたいことがある時は、きちんと私に理由を言って承諾を得るようになりました。

わが家にムカデが出てきたのは、後にも先にも、その3回しかありません。しかも、現れる場所は決まって娘の机の下です。そこに、穴やすき間があるわけではないというのに。

今考えても不思議ですが、毘沙門天さまが「ウソは許さん！」と娘を叱ってくださったのだなと思えるような出来事でした。

ちなみに、毘沙門天さまに限らず、ご神仏はウソが嫌いです。

というよりも、ご神仏はすべてお見通しなので、ウソをついたり取りつくろったりするのは無駄なのです。

私のいたらなさを披露するようで恥ずかしいのですが、先日、〆切前で徹夜が続いて連日お風呂にも入れないでいた時には、お不動さまから「もう少し身ぎれいにしなさい！」と叱られました。

そんな細かなところまで目配りをしてくださるのかと驚き、ありがたさを感じた出来事でした。

ですからどんな時も、人にも自分にも素直でいたほうがご神仏には好かれます。あなたがこれからご神仏と深い縁を結んでいく時に、ぜひこのことを覚えていてください。

自分を取りつくろうことで、心が窮屈になり、ストレスがたまり、強いてはご神仏とのつながりを感じにくくなってしまいます。自然体が一番なのです。

ご加護をいただくために必要なこと

毘沙門天さまの導き方があまりに具体的なので、驚かれましたか。

でも、これは決して特別な例ではありません。気づかないだけで、あなたの日常にも起きています。そして、ご神仏からのメッセージや手助けに気づきさえすれば、その力によって迷いを消し、人生を変えることができます。気づくだけで大きく変わるのです。

そして気づくためには、ご神仏のご加護を「受け取る覚悟」が必要です。

どういうことかというと、ご神仏に後押しをお願いしたからには、その助けをしっかり受け取るのだと、私たち人間もきちんと心を整えておかなければならないのです。

覚悟というと、重大な決意が必要なのかと思うかもしれませんね。でも、大げさなものではないので安心してください。

受け取る覚悟とは、簡単に言えば、ご神仏の意志を感じたら**「目先のことしかわからない、われわれの小さな判断を大きく超えるご神仏にまかせきる」**と決めることです。

そして、決めた後はとことん信じ抜くことです。もちろん、自分の判断は大事です。でも、ご神仏の判断を感じたら、そちらを最優先するということなのです。

はじめから自転車にスイスイ乗れる人はいないように、最初からそのような姿勢でご神仏と向き合うのは難しいかもしれません。

しかし、ご神仏とのパイプは誰もがもっています。

ですから、少しずつご神仏とのつながりを深めていけば、そのパイプがしだいに太くなり、やがてご神仏からのメッセージやご加護をいつでもキャッチできるようになります。

はじめのうちは、なかなかご神仏からのメッセージかどうか自信がもてないかもしれません。もしかしたら、自分の思い込みかもと思ったとしても、そのメッセージを大事にしてください。

そうすると、どんなに悩んでいても、「あぁ、その手があったか！」とひざを打つような展開が見えてきたり、人生の大きな転機を迎えたりするような出来事が起きてくるでしょう。

失敗の中にある、ご神仏のメッセージ

私自身もまだまだ「受け取る覚悟」について学んでいる最中です。

最近、覚悟の大切さについて改めて考えさせられる出来事が起きました。失敗談でお恥ずかしいのですが、きっと参考にしていただけると思うのでお話ししましょう。

実は先日、私はこの本についての大事な打ち合わせ日を忘れてしまったのです。

私は、うっかり屋の自分の性格を知っているので、みなさんにご迷惑がかからないよう、予定が決まった時点でスマホのスケジュール帳に入力しています。ですから、ふだんはこんなミスをすることはありません。

それなのに、よりによって打ち合わせの当日、予定時刻になっても来ない私を心配した担当編集者さんから連絡があって気づいたのです。私はおわびの言葉もそこそこ

に、大あわてで打ち合わせ場所へと向かったのでした。

不測の事態が起きた時、私は必ず、私の守り本尊であるお不動さまと話し合います。この時も、急いで飛び乗った電車の中で、私はいつも守ってくださっているお不動さまに意識を合わせ、なぜこの事態が起きたのか聞いてみました。ご神仏とのつながりが深くなれば、心の中で問いかけると必ず答えが返ってきます。その方法はのちほどお教えしましょう。

すると、こんな言葉が返ってきたのです。

「お前には、覚悟が足りない」

その言葉を聞いて、私はハッとしました。

これまで私は、仏教の教えを広めるために、本を出版したり、漫画を描いて発表したり、お話し会をさせていただいたりしてきました。ありがたいことにさまざまなご依頼を山積し、誠心誠意取り組んできました。

しかし、この「覚悟」という言葉を聞いて自分を振り返った時、「自分が前に出てはいけない」「いつも一歩引いていなければならない」と考えるクセがあったことに気づいたのです。

お不動さまに「本当は人前に出ることを怖がっている部分があるのでは？」と指摘されて、ますますドキッとしました。

お不動さまはこうも言われました。

「どんなことでもきちんとやり遂げて、それを成功させていくという覚悟が必要だ。お前にはそれが足りない。きちんと認識するように」

正直にお話しすると、ふだんは「もっと自信をもちましょう」とみなさんにお話ししている私ですが、当の私はなかなか自信がもてませんでした。

ですから、自分自身の作品に対しても、「私なんかの作品を出しても意味がないかもしれない。関係者の方たちに迷惑をかけてしまうのでは」と思うことがあったのです。みなさんのおかげで、どの出版物もご好評を得てきたにもかかわらず、です。

もちろん、これまでどの仕事にも真摯《しんし》に取り組んできましたし、仏教の素晴らしさを伝えたいと思い、自分なりに精いっぱい活動してきました。その活動が、ご神仏の応援を受けているからこそできていることもわかっているつもりでした。

しかし、お不動さまはこうおっしゃいました。

「願いを叶えるためにお膳立てしているのに、受け取るほうの覚悟ができていなければ、絶対に受け取れないものなんやで。お前はいろんな意味で覚悟ができていない。だから、いつも右往左往しているんや」

「本はお前ひとりが作っているわけではない。まわりの人の力と、お前を導く不動の力、神仏の加護でできているんだ。それなのに、当のお前がなぜ、それらの力をきちんと責任をもって受け取る覚悟をしないんや!」

お不動さまは、関西の波切《なみきり》不動から来ていただいているので関西弁です。

この言葉を聞いて、私は自分自身を振り返り、心底、納得したのでした。

そして、覚悟を決めてハラをくくろうと思いました。

長年ネックになっていた部分を変えるためには、ショッキングな出来事を起こしてガツンと教えないと、出来の悪い私にはわからないと思われたのでしょう。

時間に遅れてご迷惑をおかけしてしまったのですが、これも、お不動さまが出来の悪い私の特性を見越して教えてくださった出来事ではないかと今は思っています。

つまり、覚悟なくしてはよいプレゼントも受け取れないのです。


みなさまにも、はじめのうちは半信半疑でも、ご神仏がそのはからいで必ず、「ああ、神さま仏さまが守ってくださっているんだ。導いてくださっているんだ」と感じられるようにもっていってくださいます。

「覚悟なんてできるかな」と心配せず、どうぞ楽な気持ちでご神仏からのプレゼントを受け取りましょう。遠慮はいらないのです。

なぜ叶わない願いがあるのか？

これまでご紹介してきたエピソードを読んで、「ご神仏のメッセージを受け取れるのは、僧侶だからでしょ」「特別な力がないと無理だろう」と思うかもしれませんが、そうではありません。

ご神仏の救いの手は、誰ひとり漏らしません。これは、ご神仏とのおつきあいの中で一番忘れてはならない部分です。

私たちはすぐ他人と比べて、「あの人は素早く願いが叶ったのに、なぜ私はまだなんだろう。私は守られていないのだろうか」と考えがちですが、ご神仏は人間には計り知ることができない大きなスケールで、物事を采配していらっしゃるのです。

たとえば、ある人がAというお願い事をしたら、ご神仏はそこから派生するさまざまな側面を思いはかります。そして、その人の人生が真の意味で開けるように、縁をつないだり、メッセージを送ったり、一連の出来事を起こしたりします。

しかし、人間はせっかちですから、「Aを願ったのに全然叶わない」と感じてしまいます。

ところが本当は、Aそのものではなく、もっと大きな部分が動き始めていて、紆余曲折はあるものの思いもかけなかった方向に人生が進み、結果的に願ったよりも何倍も素晴らしい形でAが叶った、ということもあるのです。

欲や執着、不安や焦りなど、さまざま感情に惑わされる私たちの視点が、地上を這うように進むアリの高さだとしたら、ご神仏の視点は、上からアリを見下ろす人間の視点だと思ってください。

上から見ていると、アリの行く先に障害物があれば、回り道をしないと目的地にたどり着けないことがわかります。そんな時、**ご神仏は私たちの願いを最終的に叶えるために、いったんは遠回りさせるような采配をふるうこともあるのです。**

ですから、ご神仏にお願いした後は、どんな展開が起きても、それをそのまま受け取る覚悟が大切なのです。

もう少し具体的にお話ししましょう。

ある人が、「お給料が上がりますように」とお願いしたとします。何の原因もなくお給料が上がるはずはありませんから、ご神仏からすれば、これは「自分の能力をもっと発揮させてください」とお願いされているのと同じです。

ですから、ご神仏の采配によって、その人が本来の能力が生かせるポストに異動したり、転職するような流れが起きたりします。時には、なぜか急にリストラされるなど、一見、ネガティブに思える出来事が起きる場合もあります。

この時、受け取る覚悟ができていないと「神さまにお願いしたのに、リストラされるなんて！」と腹を立てたり、投げやりになったりしてしまいます。そうすると、ご利益は受け取れません。

ご神仏にまかせきるためには、目の前の小さな変化だけを見て右往左往せず、長期的な視点で起こる出来事の流れを見ていくことが大切なのです。

そうやって、日々最善を尽くしていけば、

「ああ、あの時の願いが今この形で叶ったんだ」

と腑《ふ》に落ちる時が必ず訪れます。

また、ずっと心にあった問題が、スッと霧が晴れたように解決する時が来ます。

それは、1年後あるいは2年後かもしれませんし、あるいはもっと先かもしれません。それは、願い事の内容やその人の生き方によっても変わってくるので、どんな形で、いつ願いが叶うかは、人と比較することはできないのです。

いずれにしても、あなたにとって最善のタイミングで必ず叶うことを信頼していてください。

つまり、ご神仏にお願いしたら、あなたはすでに解決に向かって歩み出しているのだと自覚して、迷わずすっきりとした気持ちで、目の前のことを一つひとつこなせばいいのです。

嫌なこと、不快な思いは「人生を見直しなさい」

ご神仏からのメッセージにまったく気づかなかったり、あるいは、気づいても拒否したりしていると、ご神仏は「強硬手段」に出る場合もあります。

たとえば、勤めていた会社が倒産したり、仕事が頭打ちになったり、病気になったりして、今までとは違う道を進まざるを得ないように取りはからうのです。

突然のアクシデントやトラブルは、とても大きなメッセージを含んでいます。今後の人生の大きな転換点が隠されていると言ってもいいでしょう。

不測の事態が起きた時は、そのメッセージに気づくようにご神仏があえて教えてくださっていると思ってください。

その問題がご神仏のはからいだと気づかないと、行くべき道ではないところにそれてしまう恐れもあります。

ですから、どんな時も絶望したり自暴自棄になったりしないでください。嫌なことやアクシデントは、自分の人生の方向性にまだ気づいていないというメッセージです。方向が定まれば、ご神仏や周囲の助けを受けてどんどん前進していけるでしょう。

感情面についても、同じことが言えます。**ずっと気分がふさいでいたり、不安や焦り、怒りが続いたりする時は、進むべき道が本来のものとずれているというメッセージです。**我慢をせず、自分が進みたい方向に人生を切り換える思い切りのよさも大切です。

たとえば、「今の仕事が楽しくない」と思うのであれば、自分が本当に生かされる道に向かっていないとご神仏が教えているのかもしれません。また、なれ合いで続けてきた人間関係が苦しいと感じるのなら、そろそろ人づきあいを見直す時期だということかもしれません。

特に、**気分の落ち込みが続く場合は、**

「自分の正直な気持ちを踏みにじる生活をしているのではないか」

とご神仏に言われている可能性があります。

病気やケガがあなたに知らせたいこと

ご神仏からの導きが、体の不調やケガという形で届くこともあります。

原因はわからないけれど、なんとなく体調がすぐれない、風邪のような症状が続く、疲れが抜けないなど、体に不調がある場合は、ご神仏からのお知らせである可能性があるでしょう。

頭痛や腰痛、肩こりなど体に痛みがあったり、体調不良が続いたりするのはつらいことですね。

当然のことですが、まずは、医学的な治療や整体などの専門家のサポートを受ける、休息を取る、生活改善などで体をケアし、養生するのが大前提です。

しかし、自分自身の心のあり方が原因となっている場合もありますから、単に体だけの問題として片づけてしまうと、いつまでも同じ症状に悩まされてしまいます。時には症状がエスカレートすることもあるでしょう。

「これも何か意味のあることだな」と捉え、ご神仏に、

「この不調の意味を教えてください」

「痛みの原因に気づかせてください」


と、問い合わせてみましょう。


たとえば、痛みが出る場合、実は、自分で自分を否定していることもあります。

また、咳が続く時は、心の中に言いたいことやネガティブな思いがたまっていて、それを吐き出したいけれどできない場合に起きている可能性もあります。

「神仏の力を借りれば、自分ひとりで悩んでいるだけでは見えない心の奥底にある

問題に気づかせてくださいます。

慣れるまでは難しいかもしれませんが、心から祈れば必ずわかるようになるので、体をいたわりながら祈りましょう。

祈った後にふと思い浮かぶことが、ご神仏からのメッセージというケースも多々あるものです。

仏教では、体の細胞の一つひとつが協力して体を支えていると考えます。

体には8万個の家があり、それぞれに9億匹の蟲《むし》が住んでいるので、食事は私利私欲のためでなく、その蟲が飢えないようにするのだという、食前に唱える経文があるのです。

この数字はあくまでも比喩にすぎません。体のさまざまな器官や組織、そして、数え切れない細胞が私たちを支えてくれているということです。しかも、各細胞や器官が独自に生命をもつからこそ、私たちはその「おかげさま」で生きていられるのです。

慣れてくれば、体調が悪い時にご神仏を通して聞くと、体が何と言いたいのかが感じられるようになります。

たとえば、胃が痛い時に「仏さま、胃が痛いのですが、私の胃は何と言っているでしょうか」と尋ねると、その後、次のようなメッセージが伝わってくるのです。

「最近、あなたが食べすぎてるから疲れている」

「今のあなたは、精神的にストレスがかかっているから私も苦しい」

体調不良の意味をキャッチできるようになると、体力や時間のロスが減り、自分のやるべきことをさっちりとできるようになります。同時に、ご神仏のお力をプラスのほうに使えるようになり、望む結果を出しやすくなるでしょう。

自分の思いだけで体を酷使すれば、これではあなたの願いも叶えられないと、悲鳴をあげられてしまいます。

体を人事に、快適に保ってこそ願いは叶っていくのです

強制的に休みを取らせたお不動さま

体の不調は、ご神仏がダイレクトに「それ、やめなさい！」と教えている場合もあります。

これも、私の失敗談です。

先日、泊まり込みのイベントで睡眠時間が足りず、体力的に消耗していたことがありました。それは、大勢の相談者と一日中お話しし続けるイベントです。休憩なしでひっきりなしにお話ししたため、喉が弱って、イベント後も咳が止まりません。

それでも、すぐに別の行事が控えており、「咳が出ても動けるし、そのうち治るだろう」とタカをくくっていた私は休みも取らず、いつも通りに気ぜわしく予定をこなしていました。今思うと、その時期は本当に忙しく、前に休日を取ったのはいつだったかも思い出せないほど働きづめでした。

するとある朝、自宅でぎっくり腰になり、とうとう強制的に2日間、ジッと寝ているしかない状況となったのです。

仕方がないのでおとなしく寝ていると、不思議なことに、ひと月以上しつこく続いていた咳がいつの間にか治まっていました。それまで夜も眠れないくらい咳き込んでいたのに、あっけなく治ってしまったのです。

「もっと動かねば」「もっと勉強しなければ」と考え、年齢を考えず、つい無理をしてしまうのが私の悪いクセです。

自分では元気だと思っていても、体力はそれなりに落ちていきます。お不動さまはそれに早く気づかせたかったのだと思います。咳がひどかったらさすがに休むだろうと思っていたのに、私が気づかなかったため、ぎっくり腰という強硬手段を使われたようです。

咳が出る時点で気づいていれば、痛い思いをすることもなかったと反省し、体をいたわることが大事だと、改めてお不動さまに教えてもらった出来事でした。

受け取るための3つの覚悟

では、ご利益を受け取る覚悟とはどんなものか。具体的に見ていきましょう。

①自己否定をやめる

「今の自分ではだめだ」と自分自身を否定するのも「受け取り拒否」の姿勢になります。自分にダメ出しをしてしまうと、そこにご神仏は介入できなくなってしまうからです。自己否定は心を最も閉ざす行為ですから、ご神仏とつながれず、ご利益を一番受け取りにくくなるのです。私自身もそうなので、よくお不動さまから諭《さと》されます。

たとえば、おいしい水をコップに注ごうとしても、そのコップにフタがしてあったら、水は一滴も入りませんね。同じように、ご神仏がどんなに働きかけても、私たちのほうで「受け取り拒否」をしてしまったら、せっかくのチャンスやヒントを逃してしまうのです。

もちろん、もっとよくなるために自分を変えていこうと意識したり、さらに成長しようと努力したりすることも大事です。

でも、「私はダメだ」と思うのは、自分で自分を叩いているのと同じです。

「自分なんて」と思うたびに、自分自身を打ち付けていることになってしまうので、しだいにやる気がなくなり、夢や目標に向かう気も失せていきます。やがて、同じパターンに陥って動けなくなり、人生の最後になって、「あの時、行動しておけばよかった」「やりたいことがあったのに」と後悔するのです。


たとえば、3日後に命が終わると想像してみてください。

その時、「自分はダメな人間だ」と嘆く人はいないのではないでしょうか。

人生があと3日しかないとしたら、やりたいことや行ってみたい場所が出てきて、今すぐ行動しなければと思うはずです。

実際、必ず明日が来るという保証はどこにもありません。

今この瞬間がどんなに元気でも、不慮の事故や災害で人生が突然終わる可能性は誰もがもっています。

たとえようもないくらい、かけがえのない状況の中で今、私たちは生きているのですから、もしやりたいことが心の中にあるなら、ぜひ今すぐやってみるべきなのです。

万が一、その決断が間違っていたとしてもかまいません。

「神さま仏さま、思いのままにやってみますから、守ってください。もし間違えていたら、教えてくださいね」

そうお願いすれば、必ずご神仏からのご加護が得られます。

でも、やっぱり自分にダメ出ししたくなる日も時にはあるし、覚悟が薄れる日もあるでしょう。そんな自分に気づいたら、覚悟し直せばいいのです。

私も、毎日覚悟し直しています。

その時々で精いっぱい前へ向かって生きていれば、人間はそのくらい不完全でまったくかまわないのです。

②ひらめきが来たら、すぐ実行する

「今、これを絶対にやったほうがいい」

「このタイミングで、必ずここに行ったほうがいい」

そんな感覚が訪れたとしたら、それはご神仏があなたに送ったメッセージだと考えてください。

残念ながら、ご神仏が縁をつないでくださったのに、「気のせいだよ」「偶然だから」と無視してしまうことも多いのが、私たち人間です。

ひらめきを打ち消したり先延ばししたりせず、すぐ行動に移しましょう。自分の内側から湧き上がった感覚を信頼して実行してください。

特に、**仏さまや神さまにお願い事をした後に心に浮かぶことで他を傷つけないものは、すべてメッセージだと思って受けとめるつもりでいるのがいいでしょう。**

すると、人生を変える出会いがあったり、行動したことによって大きな気づきを得たりして、いつの間にか自分がやるべきだったことにつながっていくことがあります。

実際に、たまたま思いついて訪れた先で、天職に出会った知人がいます。

Aさんは、ある時ふと農業をしてみたくなり、1年間畑を借りて、農家の人の指導のもとで農業を体験しに四国へ行きました。Aさんは工学部出身なのでまったく畑違いですが、そこでのご縁がきっかけとなり、その後、四国に移住して農業を始めます。移住してすぐ、Ａさんは伝統和紙の紙すきに魅せられます。すぐに紙すきを本格的に開始し、今では若手の和紙職人として意欲的な作品をどんどん発表しています。

はじめは農業を志したＡさんでしたが、ひとつのことにこだわらず、自分の興味ややりたいことに対して素直に行動した結果、思いも寄らぬ転身となったのです。

ひらめきやアイディアも、すべてご神仏から受け取ったものです。

たとえば、小説家を目指す人が、「小説家になれますように」とお願いしたとします。その後、通勤中に小説のプロットが湧いてきたとしたら、それをすぐメモして、きちんと形にしていくことです。「後で書こう」と先延ばしにして忘れてしまったり、「こんなアイディア、ダメだ」と否定したりした時点で、ご神仏からのアイディアを「受け取り拒否」したことになってしまうので注意しましょう。

ひらめきや直感を実行した結果、時には嫌なことや「え、なんで!?」と思うことも起こります。でも、それらはすべて、あなたをよいほうへ導くために起きていることですから、やはり「受け取る覚悟」が必要になってくるのです。

力んだり焦ったりする必要はありません。自分自身のペースで、心から納得がいく形で直感を信じながら進むこと。それが、ご神仏に守られながら願いを叶えるための近道です。

③チャンスが来たら、必ず実行する

どんな時でも何をしていても、チャンスが来たら、「はい！」と手を挙げられる準備を整えましょう。

「悩みが解決したい」「願いを叶えたい」とお願いした後に新しいご縁やチャンスが来たら、ためらわず乗ってみてください。

たとえば、あなたが「お金の苦労から抜け出したい」と願ったとします。

するとご神仏は、新しい仕事の依頼やお金を得るための情報など、あなたにお金が回ってくるチャンスをもたらしてくださいます。

しかし、人間は誰でも、その時一瞬ひるんでしまい、せっかくの依頼を断ったり、決断を遅らせたりして、ご神仏が与えてくれた機会を無駄にしてしまうのです。

願い事をした後にやって来た依頼やチャンスは、すべてご神仏がお膳立てしてくれたものです。

ですから、たとえ「今の自分には荷が重いな」と思ったとしても、尻込みせずに、

「ハイ！　私がやります」

と言いましょう。


逆に、「え、こんなことをやるの⁉」と戸惑ったとしても、それがのちに大きなチャンスにつながる場合も少なくありません。**「これは望んだことじゃない」とすぐに否定しない姿勢も大切です。**

また、やって来たチャンスが自分の想像以上に大きいというケースもあります。

そんな場合は、「え、こんなにいいことが起こるわけないよ」と思い込み、本当は大きなチャンスと幸運をつかめたはずなのに、小さなチャンスとささやかな幸運で終わってしまう場合もあります。

悩みを乗り越えて願いを叶えようとコツコツ努力することも必要ですが、チャンス

が来た時に、サッと手を出してつかむのだと意識しておくことも、それと同じくらい大事なのです。

悩みの迷宮は幸運への大チャンス

あなたは、ロールプレイングゲームをやったことがありますか?

ロールプレイングゲームには、さまざまなトラップ(わな)や障害があるダンジョン(迷宮)という特別なエリアがあります。問題や心配事が山積みで出口が見えない時は、「自分は今、ダンジョンにいるんだ」と思ってください。

ダンジョンでは出口もわかりません。しかも、面倒なことばかり起こります。

しかし、先に進むためには、ダンジョンをクリアしたほうが断然早く、また、ゲームを楽しむためには本来みずから積極的に進んで行くべきところです。

また、キャラクターがある程度成長すると、ダンジョンしか進める場所がなくなるので、そこに行けること自体が成長の証しでもあるのです。

このダンジョンをクリアすると、ゲーム内のキャラクターが成長し、ステージがポンと上がります。

他のエリアを進む時は、比較的平和で強い敵や面倒な障害物が出てこないかわりに、大きなレベルアップは望めません。でも、ダンジョンでは困難やクリアすべき問題も多いかわりに、キャラクターのレベルが大幅に上がり、そこで得られるスキル（能力）も多いのです。

この世でのダンジョンにいるような困難に満ちあふれた状況で、必ず手を差し伸べてくれ、その経験を楽しめるようにしてくださるのがご神仏です。

ご神仏はあらゆる手段を使ってあなたにメッセージを送り、「ほら、これが地図だよ」と道案内してくれたり、敵（悩み）の攻略法を教えてくれたりします。ですから、安心してダンジョンのような状況を進んでいけるのです。

ご神仏とつながって多くの困難から抜け出すと、心が晴れて自分の本当にやりたいことも見えてきます。

私たちは誰しも、自分にしかできないことを必ずもって生まれてきています。たとえ特別なことでなくても、自分自身が満足でき、人の役に立てているという充実感のあることを、人生において誰もがやっていけるのです。ご神仏にお願いすれば、自分の能力や個性を存分に発揮でき、やりがいを感じながら生きていくことができます。

でも、多くの人は自分が能力を発揮できないことを一生懸命やろうとしています。それで、「この道でいいのだろうか」「自分の本当の望みは何だろう」と、悶々《もんもん》とします。ご神仏から送られているメッセージに気づくと、今よりもはるかに楽しいし、自分を生かせる道も見えてくるのに、かたくなにそこを見ようとしない人が多いのです。

今の生き方に固執してしまうのは、なぜでしょう。

それは、

「この仕事は安定しているから」

「親からこう教えられたから」

「他の人も同じことをしているから」

といった理由ではないでしょうか。

でも、少しだけ柔軟に考え、「ご神仏からメッセージは来ていないかな」とアンテナを張って日常を過ごしてみると、「あっ」と気づけるメッセージが、すぐそこに来ていたりするのです。

実は、私たちは誰もが、心の奥底では自分のやりたいことを知っています。

人間が人生に迷ったり悩んだりしてしまうのは、本当は自分のやりたいことを知っているのに、それを忘れているせいなのです。そしてご神仏は、あなたの本当の気持ちを思い出させてくれるのです。

ただ、やりたいことを突然思い出すと人間が戸惑ってしまうのも、ご神仏はわかっています。

ですから、普通に生活していく中でメッセージを送ったり、さまざまなご縁をつないだりして、少しずつ段階を踏んで導いてくださるのです。

ご神仏は、必ず私たちを「よきところ」に連れていってくださいます。

それをぜひ信じてください。

第二章

ご神仏が教えてくれた迷いや悩みの解消法

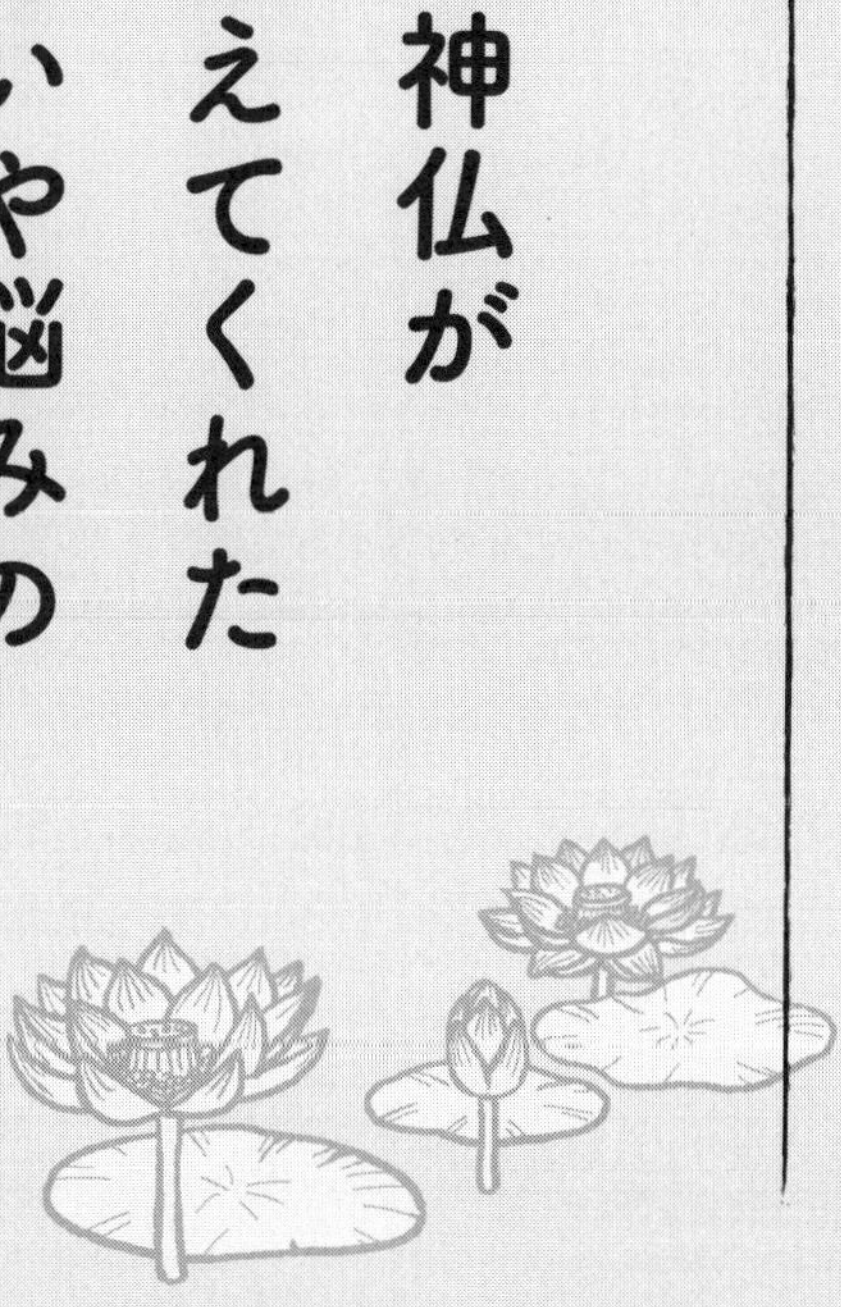

お不動さまが人々を助ける訳

私がご本尊とし、何かあるごとにお尋ねしたり、力をお借りしているお不動さまは、本当に寛容な仏さまです。

私は大阿闍梨さまから、お不動さまは下僕の姿をしていると習いました。

つまり、古代インドの奴隷の姿です。

お寺に祀られているお不動さまの像を見ると、その体には腰巻しかつけておらず、そこに袈裟《けさ》を引っかけただけ。髪は葉っぱでぎゅっと丸め込んで頭の上でまとめていて、その上に蓮の花をちょこんと載せています。他の仏さまはみな、蓮の花の上に乗っているのですが、お不動さまだけが頭の上に蓮を載せています。

どうしてそこに蓮の花があるかというと、人々に仕えるためです。

蓮の花は、泥水の中に根を下ろします。

お不動さまは、どっぷーん、と自分が泥水に浸かり、泥の中にいる人々を、底のほうで動けないでいる者も含めて強制的にさらい上げ、頭上の蓮の花に乗せます。それがお不動さまの誓願《せいがん》（誓い）です。大日如来さまの化身という尊い存在なのですが、下僕となることを誓願したので、泥沼の中にみずから入っていくのです。

そんなお不動さまですから、私が人に対して、何度話してもわかってくれず救いがたいなと、つい自分を棚に上げて思ってしまったり、深夜であろうがかまわず電話を立て続けにかけてくる人に出会って、うーん、とつい思ってしまった時には、すごく叱られました。

「わしはお前がどんな時でも救っておるのに、お前は選り好みするのか⁉」

そして、私がその人を嫌がっていたりすると、何時であろうとその人から電話がかかってくることが多いのですが、私がすべて受け入れると覚悟を決めていれば、確かに不思議とそのような電話はぴたりとかかってこなくなります。

このように、僧侶としての覚悟が定まっていないと、お不動さまにとことん叱られてしまいます。

以前、葬儀を頼まれてお通夜の会場に行った時のことです。

私は葬儀の依頼をいただくとすぐお不動さまに、「依頼をいただいたので、この方のご葬儀をします」と報告をして、すぐに亡くなった方を守ってもらい、さらに葬儀するカに対するメッセージをお不動さまからいただきます。しかし時には、行ってみてそこではじめてわかるということもあります。

その時もそうでした。通夜でお経をあげている時に、「普通じゃないな」という気がじわっとしてきたのです。

僧としてその人に関わろうとすると、目に見えない困難を感じました。

拝んでいるうちに、「この人のご先祖が、よくよく何かひどいことでもしたのかもしれない」ということがだんだん察せられてきました。イメージとして、その人に何かの力がしがみついているような感じです。「成仏させないぞ」と押しとどめる力が働いているかのようです。

「まずい、どうしよう、私の力では無理かもしれない」

そう私がひるんだ時、お不動さまに叱られました。

「お前の力って何じゃや！　お前は自分の力でやってると思ってるのか」

お不動さまのお力なくしては、通夜も葬儀もあり得ません。

「私が悪かったです、ごめんなさい。お不動さま、すみません」

そしてお不動さまに全部まかせたのです。

お不動さまは私の力を超えた存在です。お不動さまの力で、その方がすっと導かれていったのが、感覚としてわかりました。


こうして私がひるむたびに、お不動さまからお叱りを受けます。

たとえば、成仏できず死後もこの世で漂っている目には見えない人たちを感じて、「これは……」とひるんだ時もそうです。

お不動さまをご本尊とする行者の私についていえば、一歩引くことは許されていないのです。これがお不動さまの特性です。

私たち行者は、お不動さまと誓願をともにしないと動けません。

お不動さまの誓願は、どんな泥沼だろうと飛び込んでいって、その人を助けるということですから、私も引かずに飛び込まねばなりません。

この章では、さまざまな方から寄せられた相談の中から、特に多いものについて、ご神仏の答えとともに紹介いたします。現在、よく似た悩みをおもちの方は、参考にしていただけると幸いです。

結婚したいのに、いい出会いがない…

人の縁は結べばいいというものではない

「結婚したいのに、いい出会いがない」

このような相談には、普通は出会いの機会を増やしたり、友人知人にいい人を紹介してもらいますが、私は、この分野を得意とする愛染《あいぜん》明王さま、弁財天さま（弁天さま）、稲荷大明神さま（お稲荷さま）の中から、その人と相性のよさそうなご神仏を紹介してお祈りしてもらっています。

大部のご神仏である弁財天さまには失礼をしてはいけないので、一度お祈りに行くだけで、願いが叶ってもお礼参りに行かない、というような人にはすすめられません。

しかし、お礼参りがちゃんとできる方には、弁財天さまへのお参りとお祈りをおすすめします。

しかし、特定の神社やお寺の弁財天さまを指定するわけではありません。いつも「あなたには弁財天さまがいいけど、近くにお祀りしているところはありませんか？」と尋ねています。近くのお寺や神社に弁財天さまが祀られていれば、そこでお参りをしてもらっています。

弁財天さまは、今ある縁がよくなければ、その人のために遠慮なく切ります。ですから、「最近つきあい始めた人と、このまま続けていいかどうか迷ってるんだけど」という人には弁財天さまをおすすめします。

一方、多少の失礼があったとしても、「お礼参りには来ないけど、幸せで何よりだ」というのが仏さまの立場です。

ですから、失礼をする恐れがある人には、縁結びが得意で懐の深い仏さまである愛染明王さまに参ってお祈りしていただけたらと思います。

お稲荷さまをおすすめしたいのは、

「本当にまったくご縁がなくて、どこに行ったらいいのでしょうか？」

と悩む人です。

たとえば、異性のまったくいない職場や、家族以外の他人とはあまり接点のない環境に置かれている人などがこれに当たります。

お稲荷さまは日本全国にお祀りされていますから、お稲荷さまのネットワークは日本全国にくまなく張られています。ですからお稲荷さまは、非常にいろいろな思いもかけないご縁を結ぶことのできる神さまなのです。ただ、お礼参りは忘れないでください。

以前、人の縁の奥深さについて考えさせられた出来事がありました。

ある時、友人から、いい出会いがあったという連絡があったのです。

けれど、この時お不動さまは、

「この縁はそのうち別れる。だからあまり喜んで応援しないほうがいい」

と言いました。なので私は、「そうなんだ」と答えるにとどめました。

その後、ほどなくしてその友人から再び連絡があり、「思っていたような人ではなかったので別れるつもりだ」とのことでした。

これについてお不動さまは、こう教えてくれました。

「そういうものだ。

だから人の縁は、結んだ切れたで簡単に喜んだり悲しんだりするものではない」

縁の背景にはいろいろあるものですが、それは人間の目には見えません。ですから、見えているところだけで判断して一喜一憂するのも、変な話なのです。

この出来事で、私は人の縁というものには、人智を超えた深い部分があるのだと知りました。

そして、何事にも人智を超えた善し悪しがあり、物事の本当の善悪は人間にはわからない、と改めて気づかされたのです。

命の仕事が楽しくない…

祈った後は「何かがある」と注意すること

仕事が楽しくないという悩みは、普通は転職先を探したり、仕事の工夫をしたり、お酒を飲んで憂さを晴らしたりしますが、その背景には、「何か自分にぴったりの仕事、自分がもっと活躍できる場が別にあると思うのですが、それが何かがわかりません。私に何ができるでしょう」

という相談が隠れていることがあります。

これに対して私が、「何をしている時、あなたは楽しいと感じるとわかっていますか？」と尋ねると、なかなか答えられない人と、明確に答える人とにはっきり分かれます。

楽しいことが何かわかっている人は、その中から自分がやりたいことがわかっていくものです。

しかし、わからないという人には、私はこう言います。

「もしかして自分の中に、何か忘れ去られているものがあるのかもしれませんね。あるいは、今の仕事が楽しくない何らかの要因があるのかもしれません。

祈りながらちょっと様子を見てください」

そして、本人に信仰しているご神仏があれば、そのご神仏に祈ることをすすめます。

本人がちゃんと信じているご神仏でないと、答えは出てこないからです。

信仰しているご神仏が特にないということなら、仏壇でご先祖に手を合わせるのでもかまいません。

仏壇の前で、

「おじいちゃん、教えてください」

などと聞くのでもいいのです。

うちには仏壇もないというのであれば、お参りできそうな神社仏閣に行ってみてください。

昼間の日の高い時に行って、本堂や社《やしろ》の前で座ってもいいところにしばらく腰掛けてください。鳥居や山門は結界ですから、それより中に入るといいでしょう。座って、少し心を落ち着かせる時間をもってから祈ると、帰りに何か起こったり、はっと気づくようなことがあったりします。

必ずしもそれは声として聞こえてくるわけではありません。ふと思いついたり、帰り道で何かの言葉や光景が目に入ったり、たまたま転んだ場所に何かがあった、などということです。

人間は本来、あまり転ばないものですが、もし転んだなら、その場所、その時目に入ったもの、ぱっとひらめいたことには何の意味があるのかと考えてみると、そうして気づいたことのおかげで後々やりたいことがわかることがあります。

その前に祈ったという事実を忘れず、その後は何事にも注意深くいてください。

たいていは何かがあるものです。

ですから、「どうせないよ」と思わずに、「ご神仏のメッセージが必ずある」と信じてください。**ご神仏のメッセージは突然やって来るものです。**

たとえば、祈った後、今の仕事をやめたほうがいいという場合には、嫌々ながら勤めていた会社が潰れるという劇的なことが起こることがあります。そうなると、転職せざるを得ません。それで転職先を探したら、思いがけずいい職が見つかったということもあります。

また、ご神仏がメッセージとしていろいろな現象を起こしているのに、あまりにも本人が気づいていないな、という時にも極端なことが起こりがちです。祈った人の性格にもよりますが、天部のご神仏やお不動さまだと、わかりやすい方向転換に導かれることがあります。

さらに、特に思い込みが激しすぎて、行くべき方向とは違うことばかりやってしまいがちな人にも、劇的なことが起こりやすいようです。

しかしふだんは、ご神仏はもっと優しいやり方をします。

その人に今よりもっとふさわしい仕事がある場合には求人募集の張り紙の前でつまずかせて、「ここで募集しているから見ていこう」といったこともありますし、たまたま人から求人の声をかけられることもあります。

劇的なことが起こりやすいのは、なかなかご神仏のメッセージを素直に受け取れない、ひねくれた傾向のある人、皮肉屋さん、疑り深い人に多いようです。

「まだ信じんのか！」

と、どーんと劇的なことを起こして、必然的に変わるしかないようにするのでしょう。

一方で、本当にまったくご神仏を信じていなくて、仕事に関して神や仏の力など一切いらないと思っている人には、何も起こらない可能性もあります。

ところで、「こんな仕事やってられるかよ」と言って、その願いが本当に叶い、その仕事を続けられなくなる人は多いものです。

そういう人は悪口と愚痴しかこぼさないことが多いので、つらい状況になることが多いです。

人間は毒をためてはいけないので、時には愚痴もこぼさないといけません。しかし、愚痴をこぼす時は、孔雀《くじゃく》明王さまにその毒をすべて食べてもらうようにお願いしましょう。

孔雀明王さまは、毒を食べてくださる仏さまです。

真言「オン　マユラギランデイ　ソワカ」を唱えてください。

日常的に口ぐせのように愚痴をこぼしていると、自分で取り返しのつかない不幸を招いてしまうことも多いので、気をつけましょう。

夢はあるが周囲から猛反対された…
それで迷うなら、もう一度考える時

「親から自分の夢を反対されている、自分の夢を親にも認めてほしい」という相談を時折いただきます。

私は、その夢が誰かを傷つけることでもない限りは、誰にでも自分の夢を追い続ける権利はあると思いますし、そういうことが人生の中では必ず一度はあるものだろうと思っています。

かなり昔のことですが、

「漫画家になりたいが、親からはそんな夢をもつなと猛反対されている」

という人がいました。

これを聞いて私は、親の猛反対で立ち止まるのであれば、もう一度考えたほうがいいのではないかと思いました。

当時はまだお不動さまをご本尊として迎えていない頃でしたので、お大師さま（弘法大師空海）にお祈りして尋ねると、こんな答えが返ってきました。

「反対されて揺らぐのなら、やめたほうがいい」

補足すると、「迷うようなら、一度立ち止まって考えてみて、それでも行きたいとなれば行けばいい。しかし、猛反対されていると人に相談している段階なら、もう少し時期を待ってもいいのではないか」ということです。

実は、お大師さま自身が、激しく夢を追い、自分の夢のために親の反対を押し切った方でした。

お大師さまは高級官僚となるために大学で学んでいましたが、それを投げ打って山での修行に入りました。それは数年間に及び、その間に仏教へ進む意思を固め、仏教の素晴らしさを戯曲《ぎきょく》「三教指帰《さんごうしいき》」として表し、反対する人々を説得したと伝えられています。

身分を保証されている高級官僚への道を捨て、当時まだそれほどの地位が確立されていなかった仏教の道へ進むのですから、当然のように周囲の猛反対を受けたそうです。そんなお大師さまですから、

「自分はこの道へ進むのだ。という意志が固まっていれば、『猛反対されている』という言葉は出てこないはず。この言葉が出ているのはまだ悩んでいる段階だから、覚悟を決めるまでにはまだ時間がかかるだろう」

というわけです。

「私の人生はこれです」と迷いなく言えるのが本当の覚悟です。

自分の人生をかけてやりたいことがあるなら、周囲の反対は関係ありません。しか

し、口だけの覚悟なら、途中で何かあった時に必ず「やらなければよかった」となるものです。

夢は一時的なものだったということもままあることですから、慎重に考えましょう。どちらの道に進むのがいいかと迷っている状態なら、自分の中で天秤にかけて、どちらがより重いかということを判断しかねている段階にあります。本当に自分が魂から求めているものであれば、絶対に天秤にはかけたりはしないものです。

いつもお金に困っている…
心配するだけではお金は動かなくなる

お金については正直、私もよく悩むところです。
そんな私にお不動さまがよく言う言葉があります。

「心配するな。お前ぐらい、わしがいくらでも養ったるわい」

「でも、困ってるんです。支払いとかありますし……」と言うと、

「心配するなって言っただろう！」

と叱られます。

お金は本当は動いているもの。

でも、心配することで、動かなくしてしまうものなのです。


私の場合、お金について心配してばかりいると、余計にお金が出ることが起こります。もしかしたら、お不動さまからの愛の鞭かもしれませんが。

「ほら、こんなことがあっても、おまえは乗り切ってるだろ。大丈夫だろう？　そのお金はどこから出ている？　一銭もないって言ってたのに」と、お不動さま。

「借りてるんですけど……」と私が言えば、「借りられたじゃないか？」。

お金に囚われる気持ちが、さらにお金をなくしてしまうんだ、というのがお不動さまの教えです。


私の友人で、請負《うけおい》の仕事をしている人がいますが、仕事がひとつ終わるごとに、次

の仕事がいつ来るかを常に気の毒なほど心配していました。しかし、自分の人生を振り返ってみると、今まで必ず何とかなってきていたことに気づき、自信がもてるようになったということです。

その友人が不安になった時に言う言葉があります。

それは、「神のみそしる」。

おどけて「みそしる」と言っていますが、正確には「神のみぞ知る」です。

どんな時も必ず仕事をくれて、お金を何とかしてくださった神さまの計画は自分にはわからないけれど、必ず何とかしてくださるのだという、その友人なりの神さまへの強い信頼の言葉なのです。

その後、友人は、さらに順調に仕事がくるようになりました。

自立できる自信がない…

必然性がなければ無理にしなくていい

「離婚したいけど、経済的に自立できていないから別れられないんです」

そんな女性からの相談をよく受けます。

このような場合、お不動さまは、「我慢できるのなら、今のままでいいんじゃないか」と言います。

つまり、本当に別れたいのであれば、自立できるかどうかなんて言ってられないというわけです。真剣に別れたいと思えば、まずはその方向に一目散に走るものです。

また、相手からDVなどを受けていて、一刻も早く逃げたいという状況に陥っていれば、金銭的支援の情報もどうやってでも自分で集めます。「本当に別れたい、逃れなくては」という人と、「別れたいけど自立していないからできないんだよね」という人では、そこに雲泥の差があるわけです。

後者に関しては、今のところ切羽詰まった問題ではないのです。誰しも心は自立しなければならないものですが、誰かに頼って生きていくというのもありで、それも悪いことではありません。

昔、私の夫が働けないでいる時に、お不動さまは私にこう言いました。


「あれはあれでいい。

それぞれが助け合って生きているんだから、関係ないわい」

お不動さまは、誰かが何かをしないといけない、と決めつけることは一切しません。「本人が現状を認識するのが大事」と言うのです。夫婦は必ずしも夫が働かなければいけないわけではありませんし、妻が家事をしないといけないわけでもありません。人によって必ず最善のやり方があるから、幸せな関係性を築くために折り合いをつける方法を探せ、と言うのです。

自立したいという人には、「何から自立がしたいのか」「どこまでの自立が必要なのか」しっかり考えてみることをおすすめします。経済的な自立は、必然性、必要性によってしてるものだと思ってください。

それは人間は、人の助けなしに生きることなど決してできないのですから、完全な自立などあり得ないのです。

いつも自分だけ損している…

自分と他人とでは、やるべきことが違うだけ

「姑の介護をしながら、夫の世話をして、でも夫の兄弟は何にもしていなくて、なぜ私ばかりがこんな苦労をしなければいけないんでしょう」

こういった類の悩みを打ち明ける方は少なくありません。

そんな人にお不動さまはこう言います。

「決してその目で見えている状況だけがすべてではない」

自分だけが苦労していると思う時には、相手が見えていません。もし見えているなら、自分だけが苦労しているわけではないとわかります。

お不動さまは、極論としてこう言いました。

「不平等なのは当たり前。それぞれが現世で抱えているものをもっていて、自分でこなさなければいけないものをもっているのだ。

今の困難が私だけと思って、他人にはそれがないと思っても、他人はまた違う、その人だけの困難をもっている。決して自分だけが損をしているわけではない。

自分にとってやるべきことを、他人と比べてどうこう言うものではない」


一人ひとりが抱えているものは、そもそも比べられません。ですから、「それをやらなければいけない自分」がいるだけにすぎません。他の人に同じことをやれと言っても、代われるものではないのです。その役割は、たとえ簡単なことでも、今の自分でなければできないものだと知りましょう。

本来、比べるものではないから、損するも得するもありません。

たとえば、3人が同じ家で暮らしているとします。しかし、それは道が3つ並んでいて、各道をひとりずつ歩いているようなものなのです。そこで自分が抱えている荷物を隣の人に渡せるかというと、渡すことはできません。それぞれの道は同じように見えて、まったく違う道だからです。

自分が抱えている荷物は自分しかもてないし、人に渡そうとすれば、自分の荷物がなお重く感じてしまうもの。それよりは、さっさと自分でもっていったほうがいいのです。もちろん、一時的に助けてもらったり、助けてあげたりは可能ですが、それは決して当たり前ではないことを心すべきなのです。

特に介護においては、「誰も手伝ってくれない」「他の家族から嫌味を言われる」などの相談がありますが、介護すべき役回りになった時にそれを拒絶した人を見ていると、その後、もっと大変なことが起こって後悔することが多いように感じます。

自分が引き受けるべき状況にあるなら引き受けて、できる限りやっていると、不思議とどんどん救いの手が出てくるようです。

他人がうらやましくてたまらない…
誰もが心に闇を抱えている

他人に嫉妬する自分が嫌だという相談もよくあります。

そういう人はこのような時、「他人と比べて自分は本当にだめだと思っている」と言います。

私は、なぜ自分をだめだと思っているのかを突き詰めてもらうことにしています。するとみなさん、「ここがだめ、あそこがだめ」とたくさん挙げます。

「他の人はみんなできているのに、私にはできない」と。

そんな人に私は、

「では、それはできないとして、あなたにできていることは何かを考えてみませんか」

と、思考の方向を変えてみるようにすすめます。

それでもなお、「私には何にもできない」と言う人もいます。

そういう人は自分のだめなところだけを見て、そこに磨きをかけているのです。つまり、だめなところはピカピカに光るほど磨き、いいところを曇らせているに他なりません。そのことに全然気づいていないのです。

親や友人に自分のいいところはあるかと聞いてみると、必ず何らかの答えが返ってくるはずです。その中には、自分では思いもしなかったところもあるでしょう。とにかく、人が教えてくれた自分のいいところを素直に認めてください。

そうはいっても、最初はそれも認められないかもしれません。どうせお世辞でしょう、と。

ですから、それを認められるようになるまでが修行と言ってもいいのです。

自分を認める修行がまずは必要です。

お不動さまは一般の人には優しいので、このような人に対して、「認めないとね」と言い、次のように諭されます。

「悪いことばかりの人も、いいことばかりの人もいない。

今、うらやましいと思っている相手も、実は人知れず心に闇を抱えているよ」

そして、現状の自分を認めて、できることをひとつずつ数えていく訓練をすすめてくれるのです。

それでも、「私は本当に何もできない、ばかなんです」と言う人には、お不動さまは本当に優しくこう声をかけます。

「そんなことないで。ひとつずつやってごらん。
ほら、できた。もっと自分をほめんかい」

でも、「人より何でもうまくできていないと嫌」「誰よりも自分が一番でないと嫌だ」と言う人もいます。「普通にできるのでは我慢できない。だから自分はできない」というのです。理想が非常に高いがゆえのことです。

そういう人は、他人のできるところばかりが目についてしまいます。

自分より上にいる人がうらやましいなら、その気持ちを向上心に変えればいいだけです。それを糧にして、自分を上げていくことを楽しめばいいのに、嫉妬というネガティブな捉え方をするから、地獄のような精神状態に陥ってしまうのです。

そうした相談者に、お不動さまは言いました。

「お前とあいつは、同じなのか？　違うやろ？　その違いをよく考えてみろ」

つまり、お互いの置かれた条件には違いがあるのだから比べても無意味であること、そして何ができないと考えるのではなく、自分は何をどれだけやりたいかと考えて価値観の転換をはかるように言われるのです。

他人と自分がやっていることには必ず違いがあり、それぞれの個性があります。そのことを認められるように思考の方向を切り替えてみると、ずっと楽になれるのです。

両親が好きになれない…
嫌いなものは仕方がない

「両親を好きになれない、憎しみすら感じる」と悩む人は案外多いものです。

そんな人のほとんどが、「親を好きになれない私が悪い」と自分を責めてしまっています。そして、「どうしたら好きになれますか?」と相談に来られます。

そんな方々の悩みをお不動さまに尋ねると、たいていこう返ってきます。

「しゃあないだろう!　嫌いなものは嫌い、それで仕方ないだろう。嫌いなものを好ききっていうのは、ウソつき!」

お不動さまはいつも大前提として、「まず自分の状況を受け入れることを大事に」と言うのです。

好きになれない自分を受け入れてください。

嫌いなんだという自分を受け入れてください。

嫌いなのに好きになろうとするから、そこに無理が生じます。そうすると、何も見えなくなってしまうから、何も解決しないのです。

まずは「嫌い」という感情のある自分を認める。そのうえで、どうしても顔を合わせないといけない関係の人とは、喧嘩するのではなく、嫌いなりの無難な関係性を探すことです。

嫌いなものを無理に好きになろうとすると、余計嫌いになってしまうものです。

しかし、「自分はあの人のことが嫌いなんだ」と自覚できていると、無理をしなくなります。

「あの人のことは嫌い。けれど、これはやらないといけないことだから、それならやれる方法を探ってみる」と考えてみましょう。

すると、不思議なことが起こります。嫌いなんだけど、ちょっといいところが見えてきたりするのです。

相手を無理に好きになろうとしていると、嫌なところばかりが目についてきます。「こちらは好きになろうと努力しているのに、どうしてあんなことをするんだろう」と嫌なところばかりが次々と目についてくるものです。

これは、嫌いなのに無理に好きになろうとして矛盾が起き、心の中がもやもやするばかりで、本当のところが受け入れられていないせいで起こることです。

こういう相談者で特に多いのが、「母親がどうしても好きになれない」と悩む娘さんです。

「父親とはうまくいっているのに、母親とはちょっと……。なぜ自分は実の母親にこんな思いを抱くのだろう。きっと死んでも泣けないと思います。どうしたらいいでしょうか」と言うのです。

そんな人にお不動さまは、「**嫌いなものは仕方がない**」と言います。

相談者の多くは、意外に「母親が嫌いだ」という自分の状況を認識できていません。母親を好きになりたいという理想をもっているので、「母親を好きになれない自分は異常なんだ」と自分を責めています。

そういう人にお不動さまはその考えを改めるように教えてくれます。そして、優しく一言、こう言うのです。

「認めなさい。今のあんたは、それでええ」

子どもが言うことを聞いてくれない…
子どもは親のものではない

「うちの子は、なんでこんなに言うことを聞いてくれないのかわからない」

「こんなに心配しているのに、息子はどうしてわかってくれないんだろう」

そんな相談に、

「子どもはお前のものじゃないぞ」

と、お不動さま。

「言うことを聞いてくれない」は、引っくり返すと、「自分の思う通りにしたい」です。

それは自分のわがままだと、わかってもらわなければいけません。しかし、これには時間がかかります。


私も、夫や娘が言うことを聞いてくれないと思うことがあります。するとお不動さまから、「自分のものじゃない！」と叱られます。

家族に限らず、他者が自分の思う通りにならない時にはつい、「言うことを聞いてくれない」と思いがちです。しかし、それは傲慢なこと。自分の正義の押し付けになります。

これは、自分に自信がないから起こることでもあります。他人を自分の思い通りにすることで、自分に自信がもてるだけなのです。

そういう親は、「私はこういうことで苦労したの。だからわかっているの。同じ苦労をさせたくないし、あの子には絶対こうなってほしくないから言ってるのに、あの子はわかってくれないの」となります。裏返せば、自分の過去の失敗がいまだにつらいのです。

でも、実はその失敗がなければ、なしえなかったこともたくさんあったはずです。失敗を失敗としてしか捉えていなければ、自信をなくしてしまいます。けれど、「この失敗があったからこそ今がある」と思えば、同じ失敗をするわが子を、「そこは頑張れ、踏ん張れ」とはげますことができるようになるでしょう。これはお不動さまが常々言う、「現状を認めよ」に通じます。

失敗というものは、失敗と認めた時点で心の傷となることも多いのですが、その失敗はとても意味深いもの。それを学んできたから今があると考えれば、自分の人生の中で絶対に欠かせない大事なものとなるのです。

物を捨てられない…
これからの生き方を考えれば捨てるべき物がわかる

物を捨てられないのは、お恥ずかしながら、私の悩みでもあります。

お不動さまからこう叱られたことがあります。


「自分の人生を考えないから、物がこんなにたまっている。

取捨選択すべきことが見えていない」


物とは、自分が今、何をしようとしているかで必要になるものです。

必要な物が、その人の人生を現しているといっても過言ではありません。

自分の生き方が物に表れるので、不要品が捨てられず整理できないのは、自分の人生とちゃんと向き合っていないということです。これからどう生きるかが見えていれば、いる物いらない物が明確にわかるはずです。

お不動さまから、

「何となく捨てたくない、使うかもしれないと思うのは、自分の人生がちゃんと見えていないからだ」

と言われた私は、その時できるだけ物を捨てました。まず捨てたのは、昔描いた漫画の原稿です。もっともっと新しい作品を描いていこうと思っているので、古いものに目を向けていても仕方がないと思えたからです。もっといい作品を作っていくには、そこに留まっていてはだめ、先に進めないぞと思ったのです。

また、若い頃に着ていたヒラヒラした服も捨てました。娘が着てくれるかもと思ってもっていたわけですが、お不動さまは、こう一言。

「娘とお前とでは趣味が違うだろ」

娘に聞いてみると、やっぱり笑われて「趣味が違うよ」と却下されました。やはりお不動さまの言った通りでした。

そして、一度使ったきりの化粧品もきれいさっぱり捨てました。娘に「卒業式に出席するなら、他のお母さんのようにメイクしてきてほしい」と言われて、その時買って一度だけ使ったのです。

化粧については、私の属する真言宗では各自の判断にまかされているので、剃髪《ていはつ》した僧であっても化粧をしてもかまわないのですが、私の場合は祈ることが好きなので、祈るためには化粧をしないほうが楽であり気持ちがいいのです。

最後に、思い出の雑貨類も捨てました。

お不動さまからこう言われたからです。

「お前が死んだ後、それらをなんて言うか知ってるか？　「ゴミだ」

確かにそうですね……。

一方、私がのちのちまで残したいと思うのは、人の役に立つ本や漫画です。それらが残せたら、私にとっては一番です。しかし、それも私個人の家にある必要はなく、世間に残れば十分なのです。

霊のようなものが見えて怖い…

「見える」と集まってくるから、気にしない

「見えるはずのないものが見えてしまって怖いんです。どうしたらいいでしょう」

実のところ、こういう相談はよくあります。

見えるはずのないもの、いわゆる巷《ちまた》で言うところの霊のようなものは、本来誰が見ても不思議はないものです。人によって見え方も違い、言ってみれば幻に近いものだと思いますが、見えるものを無視することは難しいでしょう。

ただし、突然見えるようになり、その後も頻繁に見ているのであれば、何かあなたに大切な知るべきことがあるせいかもしれません。

「引っ越した家で変なものが見えるようになった。必ずこの場所に黒いものが見えてしまう」

こんな場合には、お不動さまが「それ」を連れ出していってくれます。

気になるたびに、お不動さまの真言「ノウマクサンマンダ　バザラダンカン」をお

唱えしてください。

一方で、なかにはすごく気にする人もいます。

「こういうものが見えるようになったので、私は普通ではなくなってしまったかもしれません」

このように敏感になってしまうと、かえってよくないのです。そうすると、むしろ見えないはずのものをさらに呼び込んでしまうことになります。

「見えるんです」と言うと、そういうものは見える人のところに集まるものだからです。

たとえば、街を歩いている時に目を合わせてくる人がいれば、誰でも気になります。霊にしてみれば、誰も絶対に目を合わせてこないのが普通です。ふだんは自分の存在を気づかれることはありません。

「見えるんです」と怖がる人は、あえて霊と目を合わせてしまう人です。むしろ、「見たい」という願望がある人です。

まれに、「霊感が強くなると特殊な世界に行けるかも」という願望の色濃い人がいます。見えることに憧れているとでも言いましょうか。でも、それは面倒くさい人生の始まりになることを意味します。

僧侶になるのでもない限り、できれば感じないに越したことはありません。

自分の先祖などなら、温かくて心地よく感じられるものなので、かまいません。しかし、まったく何の関わりもない存在を見てしまうと、とても生きづらくなります。

「見えること」に憧れをもたないことが一番です。

仮に、そういうものが次々に見えるようになったとして、では何ができるかというと、早い話、僧侶になるなどしか埒が明かなくなってしまいます。見たり感じたりしてできることと言えば、迷ってる方々を仏さまにおつなぎすることしかないのです。

私もかつては見えることに悩まされ、困り果てていたことがありましたが、僧侶になったことでむやみに見ることはなくなりました。私は見えることがあまりにも嫌だったので、「見えるのが嫌なんです、見えないようにしてください」とお大師さまにお願いして、ふだんは見えないようにしてもらいました。

ただし、僧侶とは、必ず他者を助けるべき者です。

毎日、この世への執着が強く、飢餓感に苦しみながらさまようものたちを供養する施餓鬼《せがき》などをして、わざわざ呼び寄せてでも、「さあ、今からご飯を食べてあっちに行くんだよ」と言って仏さまに成仏をお願いするのです。

見えてしまえば、それは助けを求めて寄ってきます。覚悟がないとできません。

「見えることに憧れはあるが怖いんです」「どうしても見えてしまいます」と言う相談者には、僧侶になることをすすめるしかありませんが、僧になる覚悟まではないのなら、

「〝お隣〟の出来事なので、気にしないでください」

「もし具体的に、あなたに影響が及んでいるなら対処しないといけないけれど、それがないなら気にしなくていいですよ」

とお答えしています。

遷化《せんげ》（僧の死を表す言葉）された私の師も、**「自分と関係がなければ一切気にするな」**

とおっしゃっていました。

いるはずのないものを現実世界に組み込んでしまうと、泥沼にはまることになります。現実とそうでないものが入り乱れるような意識になるので、非常に生きにくくなってしまうのです。最悪、日常生活ができなくなる可能性もあるということを覚えておいてください。

ご神仏のバチがあたったのかも…

気づくべきことを知らせる慈悲の現れ

ご神仏のバチというより、イエローカードのようなものは確かにあります。

本人に改善すべきところがあると、

「今向かっている方向は、ちょっと違っている」

と教えてくれているのが、人がいわゆる「バチ」と呼んでいるものです。

覚えておいていただきたいのは、**ご神仏のバチがあるとしたら、それはどこまで行**

っても慈悲だということです。どんなに厳しそうに見えたとしても、すべてはあなたのためになされていることですから、バチではなく、

「ちょっと待て、その前に知るべきことがあるぞ」

と、知らせてくれているにすぎません。

「あいつはうまくいくのに自分はうまくいかない、だから何かのバチが当たっているのか？」と思う時は、相手と自分の特性や向いている方向が違うため、自分を生かす方向性が他人とは違うということに気づくよう、ご神仏がそれを具体的に示してくださっているのです。それをバチと捉えてしまっていることが多いものです。

ご神仏は、

「そうじゃない、そこじゃない、こっちのほうが楽になるよ。願いを叶えたいならこっちの道なのに、なぜそっちに行こうとしているんだ」

と止めてくれているのです。

また、急に心身の調子を崩した時に、「何かのバチが当たったのかも」と考える人もいますが、そんな場合は、自分の心に背いた方向に走ろうとしている時です。そんな時には、違う方向に向かっていないかどうか、見直してみてください。

人には意外と、**自分がやりたいと思っていること、夢として掲げていることが、実は自分が本当にやりたいことではない**、という場合があります。

親から「○○になれ」と言われて刷り込まれたことと、本心からやりたいことは乖離しているのに、それに気づいていない場合もありがちなことで、そんな時には、それが体に出てしまうことが多いものです。

私の知人に、やりたいと口にしていることが本音と乖離している、自他ともに認めるへそ曲がりな人がいます。

そして、それがすぐに体に出るので、彼が「なんか体がおかしいんだよね」と言う時には、「自分にウソついてるでしょ？」と疑います。

腰が痛くなって座っていられなくなったり、気分が重くなったりして、今やっていることをこれ以上、続けていられない気がする時には、そこではもう仕事をしたくない、という本音が体に現れているのです。ついには体が動かなくなったりして転職を余儀なくされてしまうこともあります。

お不動さまは言います。

「我慢するな。それは嫌だということを受け入れる覚悟は必要だ」

心身の調子が悪い時は、「嫌なんだ。続けたくないんだ」ということを受け入れなさいというメッセージの可能性もあります。

なのに人は、「今、仕事を替えると収入が減るし」などということで心の要求を潰そうとしがちです。そこにしがみつくほど体は壊れていくのに、しがみついているほうが安心なのです。

ですが、その恐怖からくるしがみつきをやめると、物事は案外うまくまわっていきます。

恐怖心から、やりたくない仕事にしがみついていると、ろくなことがありません。

「やらなきゃいけないことがいっぱいあるのに、体が動かない。全然仕事がはかどらない。どうしたらいいんでしょう?」

そう訴える相談者はたいてい、その不調が何を示しているかがまったくわかっていません。

そこで、「他のことをしている時は、どうですか?」と聞くと、「あ、他のことはできるんです。趣味のことはうまくいくんです」とほとんどの人が答えます。

時には、「もしかして、この仕事で祟られているんでしょうか?」とまで言う人もいます。

「同僚で僕に仕事辞めろと思っているヤツがいるのかも。呪われてるんでしょうか?」

「僕が仕事できなくなる何かが作用してるんでしょうか」

このように自分を省みず、呪われているせい、他人のせいにしているのです。

そこで私が、

「今の仕事は好きですか?」

と聞いてみると、「いいえ」という答えが返ってきたり、意外なことを聞かれたと

いう顔をして、

「えっ、なんでそんなこと聞くんですか？　仕事しないと生活できないじゃないですか？」

と答えます。さらに私が、

「やりがいはありますか？」

と聞けば、「まあ、食べていかないといけないですからね」という具合です。

こういう相談者に対してお不動さまからやって来る言葉はたいてい、

「自分を受け入れとらんな」

です。仕事ができなかったり体が動かなかったりするのを、他人のせいにせず、一歩退いて見てみると、実は違うことがわかるでしょう。

後日、「仕事を替えてうまくいきました。それなりに苦労はあるけど、やりがいがあります」と話してくれた相談者がいました。「前の仕事はもう限界だったんですね」と。

本人が決心さえすれば、そういう場合は不思議なことに、転職先が面白いくらいとんとんと決まります。

お不動さまはそれに対して、「本人の決心が大事だよ」と言うだけです。決して「わしがやったんだ」などとは言いませんが、私個人としては、すべてはご神仏のはからいだと思っています。

ただ、お不動さまは「心配するな」とはよく言います。

これには「何とかしてやる」という意味も含まれているように思います。

「心配しないで、ちゃんと自分を見つめること。

自分が今どんな状態にあるかを、どんと受けとめて

正しく自分で選択をしていく覚悟が大事だよ」

そんな意味が込められているように感じるのです。

誰かに呪われている気がする…
受けた呪いは光に溶かす

「自分は誰かに呪われてるんじゃないかと思うんです」

いろいろな相談を受ける中で、こういうことを気軽に口にされるのは、女性に多いように感じます。

一方、男性からの相談で多いのは、

「うちの墓石が欠けているんです。先祖から呪われますか？」

これに対してお不動さまの答えはこうです。

「たとえ呪われているとしても、お前が日々なすことは何か変わるか？」

「お墓が気になるのなら、直せば？」

呪われているかどうかにかかわらず、相談者が自分の現状をよくしたいという思いに変わりはありません。

百歩譲って、その人が呪われているとしても、現状をよくするために自分がやるべきことにさほど変わりはないとお不動さまは言っているのです。

しかし、経験上、呪いというものがまったくないとも言いきれないと私は思っています。

ですから、もし自分が呪われているとしか思えない場合には、薬師如来さま（お薬師さま）に頼ることをおすすめします。

お薬師さまは呪いに強い仏さまです。

以前、「呪いを受けたとしか思えないことが次々起こって困っている」という相談を受けたことがあります。聞けば、その相談者には最近、霊能者としてある程度の能力をもつ人に恨まれるような一件があったといいます。

そこで私はお薬師さまに頼ることにしました。

祈って解決策をお尋ねすると、こんな答えがありました。

「相手を力で叩こうとすれば呪いを受ける。
そうではなく光に溶かし込め」

呪いという力は、それが呪いのせいだと思うほどに強くなるものです。

とはいっても、気がつかないからといって呪いの力がまったく及ばなくなるわけではありません。こんな場合に私たちにできることは、ご神仏に頼ることしかありません。

呪いは、お薬師さまの薬壺の光で消えるものですから、お薬師さまの真言**「オンコロコロセンダリマトウギソワカ」**を唱えるといいでしょう。

また、お薬師さまにお参りに行って、

「呪いというものがあるなら、助けてください」

と祈ってください。これで十分です。

あとは日々の生活で自分のできる最善を尽くしてください。

たとえば、仕事を一生懸命やったり、自分のするべきことをしっかりやって日々すごしたりすることですが、そういう時にも一番大事なのは、慈悲の心です。

つまり、人に優しくすることを心がけ、争う心を決してもたないことです。

なぜなら、呪いという争い事を挑まれている時には、慈悲の心を輝かせることが一番の対処法だからです。


もしも自分が呪いを受けていると思ったら、周囲に慈悲の光を放つくらいの行動に努めてください。

また、お薬師さまの瑠璃色の光が満ちて、周囲を囲むようにめぐって癒していく様子をイメージしてください。


もし、いらいらしたり怒りがわいてきたりしたら、真言を唱えて、瑠璃色の光ですべての悪しきものを溶かしていく光景をイメージしましょう。優しい気持ちで、慈愛と慈悲の中に包まれていくような感じです。

あるいは、お薬師さまにお参りした時に、手を合わせながら真言を唱えてもかまいません。

そうすると、お薬師さまが光を放ってくれますから、それを感じてみてください。

真言は口に出さずとも、心の中で唱えるだけでも大丈夫です。

口を軽く閉じたまま、口の中で舌先だけで小さく唱えるのでもいいのです。

ちなみに、この口の中で舌が微妙に震えるという真言の唱え方も正式なものです。唱え方による真言の効力に差はありませんから、状況に応じて唱え方は使い分けてください。

第三章

ご利益が倍になるご神仏とのつながり方

手を合わせるだけでご神仏とつながれる

私たち人間は、昔からどうもご神仏のご利益を受け取るのが下手だったようです。毘沙門天さまの手のひらにある汗の穴からは、たくさんの宝が出てくるのだそうです。そして、人間のためにたくさんの宝を用意して待ってくださっていると言われています。

でも、その財宝を誰も受け取ろうとする人がいないために、毘沙門天さまは「人間が望めば、手のひらを下に向けて、いくらでも宝をザラザラと出してあげるのに、誰も頼みに来ない」と嘆いておられると言います。

毘沙門天さまは、戦国武将からも信仰の篤《あつ》かった戦いの神ですが、このようなご利益をもっていらっしゃるのですね。

ご神仏は、いつもあなたを守り導いています。でも、こちらからお願いして、自分の悩みや望みを知ってもらわなければ、私たちをどこに導いていいか、どんな後押しをすればいいか具体的に決めかねます。

時には、見るに見かねて、あちらから手を差し伸べてくださることはあります。しかしそれは、きわめてまれなことだと思ってください。

大切なのは、あくまでも人間側の自主性です。ご神仏はみな「まだ頼みに来ないな。いつ自分に気づいてくれるのかな」と、あなたが頼ってくるのを待っています。

ですから、よりご神仏とつながっていくために、まずあなたの思いをはっきり伝え、そのご利益を受け取っていきましょう。


その手始めとして、できる限りでかまわないので、定期的に、もしくは可能な範囲で寺社にお参りすることをおすすめします。

寺社にお参りに行くと、その寺社にいらっしゃるご神仏と心から強くつながることができます。

もしお寺や神社まで行けない場合は、自分のいる場所で心を静かにしてご神仏の姿を心に浮かべ、手を合わせるだけでも大丈夫です。

どこで何をしていても、自分の思いを寄せるご神仏に「○○さま、お願いします」と祈ると、しっかり願いを聞いてくださいます。

あなたの好きなご神仏、心にフッと思い浮かぶご神仏に対して手を合わせ、祈る。ただそれだけでご神仏との道がつながり、どんどん太くなっていきます。

祈る行為は、ご神仏に問い合わせを出すことそのものです。もし、迷っていることや悩みがあれば、「解決法を教えてください」と祈り、叶えたい夢や目標があれば、「**叶える方法を教えてください**」と祈ると、必ず答えが返ってきます。

その後、ご神仏のメッセージを受け取っていけば、自分の心にそむく答えは出ないはずです。なぜなら、ご神仏とあなたは心でつながっているのですから。

ご神仏とのやりとりは、あなたの宇宙、あなたの世界で起きることです。どんな展開や答えになったとしても、それは自分の人生の中で納得できることのはずです。

こんな言葉で祈ると、願いが叶いやすくなる

では、祈りを届けるポイントについてお話ししていきましょう。

ご神仏に祈る際に、忘れてはならない視点があります。

それは、悩みが解決し、願い事が叶うことによって、自分が人や世の中の役に立てるようになる、という視点です。また、自分の好きなことをしたり幸せになったりすることが、ひいては人の幸せにつながるという視点です。

この視点がないと、ご神仏としては、「その願いを叶えるのはちょっと待とうか」ということになってしまうのです。

しかし、難しく考える必要はありません。

あなたが一番生かされ、人の役に立てる道へとご神仏は導いてくださるので、次のようにお祈りしてください。


「迷いから抜け出し、私が私らしく生きられる道を歩ませてください」

「私の幸せが、まわりの人の幸せの糧《かて》となりますように」


特に、天部（大黒天さま、弁財天さまなど）のご神仏や、神社の神々にお願いする際には、この視点をもつことが大切になってきます。

人の役に立つことといっても、壮大な願いや社会的意義のある願いでなくてもいいのです。

人を傷つけたりおとしめたりする意図さえなければ、ご神仏はどんな願いもしっかり叶えてくださいます。

他人から見たら小さな願いでも、本人にとっては大切な願いです。願いはご神仏とのつながりができることで叶っていくので、遠慮なくお願いしましょう。

「ボーナスの査定がよくなりますように」

「いいことがありますように」

といったささやかな願いを叶えるのも、ご神仏の腕の見せどころです。

その時にたとえば、

「ボーナスが上がったら、もっとがんばって笑顔でバリバリ働いて、みんなの役に立ちます」

「悩みが解決したら、今よりさらに人に親切にして、

世の中に貢献できるようになります」

そんなちょっとしたことでかまわないので、人のためにもなるような約束をすると、願いがスムーズに叶います。

ただし、それはご神仏との約束なので、必ず守るようにしましょう。

ご神仏の力をただ自分だけのために使わず、周囲の人々が笑顔になる方向性を大事にしましょう。自分の人生がよくなることが、結果的に人や世の中への貢献につながるという視点をもっていれば、どんどんよい方向へと向かいます。

とはいえ、私たち人間は未熟ですから、時にはそうできない日もあるかもしれませんね。

虫の居所が悪いこともあれば、疲れてしまって「もう、がんばりたくない」と思う日もあるものです。

ですから、**ご神仏に約束をする際には、「できる限り」とつけ加えておくといいでしょう。**

細かいことだと思うかもしれませんが、ご神仏、特に天部のご神仏や神社の神さまは私たちの生き方や心のあり方をきちんと見ていらっしゃいます。礼を尽くし、誠意をもってお願いすれば、その姿勢をくんで目をかけてくださいますよ。

ひとつの願いに固執すると不幸になることも

お願いをする時のポイントとして、もうひとつ大事なことがあります。
それは、「どうしてもこれがいい」と、特定の場所や会社、人に固執しないことです。
というのも、依頼を受けてお不動さまに祈っていると、たまに、

「その願い、本当に叶えていいのか？」

と念を押されることが多々あるのです。
それは、だいたい決まって、「この人と結ばれたい」「この会社に入りたい」と、具体的なご祈願をお願いされた時です。

依頼主に確認すると、当然「それでいい」という答えが返ってきます。

しかし、お不動さまは、

「それが叶うと、不幸になるかもしれへんで」

とおっしゃいます。

そういう場合は、お不動さまの言葉を依頼主にお伝えして、特定の物事ではなく、**最善の形で望みが叶うように祈らせていただくことにしています。**

もちろん、依頼の内容が本当にその人が行くべき道であり、結ばれる人であるなら、ご神仏は惜しみなく助けてくださいます。

しかし、人間側が頭で考えてお願いすることは、現時点での視野や視点で考えたことにすぎません。ですから、自分では「これだ！」と思っても、あとあと「こんなはずじゃなかった」という事態に陥ることもあるのです。

たとえば、憧れの会社に入っても配属先で理不尽ないじめに遭ったり、自分の望んだ仕事をなかなかさせてもらえなかったりする場合もあります。また、恋い焦《こ》がれて結婚した人でも、関係が破綻していがみ合うことになるケースもあります。

特に、「どうしても○○したい」と執着してしまう時は、人間の我《が》が出やすいので、自分の行く道を見誤ってしまうことも多いのです。

また、世間の評判や条件、自分の見栄などに惑わされて、「これが自分の望みだ」と思い込んでいることも少なくありません。

人間がどのくらいの能力やどんな個性をもっているかも、ご神仏は把握していらっしゃいます。ですから、あなたがどこで咲く花なのか、どの場所にいるのがベストなのかわかったうえで、一番いい場所に導いてくださいます。

ご神仏は大きな視点で、あなたが心から満足して自分の可能性を発揮できる道へと導いてくださると信頼し、お願いする際には次のように祈りましょう。

「私に一番合った人（仕事、家）と出会わせてください」
「私が幸せになれる会社（人）とのご縁をください」

「私の悩みが、もっともよい形で解決するようお導きください」

ご神仏の導きを知るための4つの心がまえ

絶望的な状況の中で、少しでも解決を求めようとしても、いかんともしがたい膠着状態の最中であろうとも、ご神仏はそれを必ずや解決してくれます。

しかし、愚かな私たち人間には、その解決の道筋はまったく見えていません。ですので、うっかりとご神仏のメッセージを「まさか」「そんなバカな」と言って、見逃してしまうことも多いのです。

では、いかにして、そのような状態の中でメッセージを受け取っていけばよいのでしょうか?

それには少々の心がまえが必要です。

①ご神仏を思い浮かべること

ご神仏に何かをお願いしたり、メッセージをいただくと言っても、なかなかピンと来ないことだろうと思います。それは、私たちがご神仏のことをよく知らないからです。

ご神仏のお姿や特徴を少しでも知っていると、とても身近に感じられるものです。真言僧は、それぞれのご神仏への祈り方を習う際に、同時にそのご神仏のお姿や特徴を詳細に教えられます。そのご神仏の周りにはどんな方々がおられるのか、どのような心もちでおられるご神仏であるのかなど、細かく教えていただくのです。

こういったことは、弘法大師空海が真言密教を大陸より持ち帰って今に至るまで、千年以上受け継がれてきているものです。

実は、お参りした際に本堂に祀られた尊像をしっかりと拝して目に焼き付けることはとても重要なことなのです。

②ご神仏の道筋を信じること

こんな話があります。

猫と鶏のエサの前に、きれいに磨かれた透明のガラス板を置きます。

すると、鶏はエサ目がけてガラスに突進し、頭を何度でもガラスにぶつけるそうです。鶏にガラスをよけさせようとしても、エサの前にあるガラスから離れようとしないのです。

一方、猫はエサと自分の間に何かがあると気がつくと、ガラスを回避してエサにたどり着けるのだそうです。

これは猫と鶏の知能の差なのですが、同じことが私たちの人生にも起こっています。

ご神仏には、私たちがどのようにしたら求めるものにたどり着けるかが明白に見えています。しかし、私たちにはその道筋がまったく見えていないことのほうが多いのです。

ですので、鶏のようにただ、その方向にがむしゃらにまっすぐ行こうとして、力尽きることも多いかもしれません。もちろん、ガラスのような障害などなく、難なく手にすることができる場合もありますが、それはまれであるのが私たちの人生です。

ですから、ご神仏に真摯に祈ったのであれば、現実に示されたその道筋がどんなに曲がりくねっていようと、信じてください。

時として、まったく違う方向を示されることもあります。

でも、それはあなたが目的にたどり着くために、ご神仏が障害を回避させてくれているゆえだと思ってください。

少し道が違うように見えたからといって、ご神仏にお願いした目標を決して忘れなければ、必ずや最後には目標にたどり着けるところまで連れていってくださいます。

これを知らないと、最初に方向を変えられた時にヤケを起こしてご神仏をなじったり、生活が投げやりになってしまったりすることがあるかもしれません。そうなってしまうと、せっかくご神仏が教えてくれた道筋なのに、たどれなくなってしまいます。

これには一見、失敗と思えることも含まれます。

ですから、失敗を失敗と考えて落ち込まず、次の段階への架け橋であると信じてください。

③すべてに感謝すること

私たちは物事がうまくいかない時などは、怒りっぽくなって、ついつい投げやりになりがちです。愚痴も多くなるでしょう。

しかし、そんな状態はご神仏のメッセージを受け取りにくくしてしまいます。けれど、ご神仏も何とかメッセージを伝えようと、あえて物をあなたの足もとに落としたり、転ばせたりして、ハッとわれに返る状況を作ってくれることも多いのです。ハッと気がついた時には、ご神仏に感謝をしてください。

あなたが愚痴を言っている時も、怒っている時も、ご神仏はじっと見ていて、何とか気づいてほしいと手を出されたのですから。

ご神仏のメッセージを受け取るには、感謝の気持ちを忘れないでいることが最も望ましいのです。**護り導いてくれているご神仏はもとより、ご先祖や家族、他の人にも素直に「ありがとう」と言える自分でありましょう。**

朝起きたら、新しい朝を迎えられたことに感謝しましょう。

夜眠る時は、１日を無事にすごせたことに感謝しましょう。

当たり前なことなど人生にはあり得ません。あまり自覚がないという人が多いかもしれませんが、すべてが護られていて、今、この瞬間を無事に生きていることは、まさに奇跡なのです。

④目の前の仕事はキッチリこなすこと

ご神仏のメッセージをただひたすら待ち続けていて、日々の仕事が手につかないというのでは本末転倒です。

自分が生きている今、この時なすべきことは何であれ丁寧にこなしましょう。無理をせずとも可能な範囲でいいですから、何事もしっかりとこなしていくことが大事です。

そういった日々の生活をこなしていく中で、ご神仏のメッセージはやって来ます。

これらのことを心がけていると、ご神仏のメッセージはかなり受け取りやすくなっていき、悩みの解決も自然と早くなっていきます。

しかし、同じ出来事が起きても、起きたタイミングや状況によってその意味が変わってくるということを心に留めておいてください。

たとえば、駅で転んで電車に1本乗り遅れたとします。

メッセージを伝えたくて人間をつまずかせたり転ばせたりするのは、ご神仏がよく使われる手段ですから、やり忘れていることはないか、最近浮き足立ってはいなかったか……まずは立ち止まって考えてみましょう。

時には、そうすることで、あなたを特定の人や出来事に出会わせるパターンもあります。

たとえば、電車に乗り遅れたおかげで旧友にばったり会い、望んでいた仕事を紹介してもらえることになるかもしれません。

あるいは、おかげで嫌な人に出会わずにすむかもしれません。逆に、その人の学びのために、ご神仏が必要と考えて、あえて嫌な人に出会わせるということもあります。

また、事故を回避させるために乗り遅れるように仕向けられた可能性もありますし、ここで一息ついたほうが仕事で成果を出せる、ということかもしれません。

少し考えただけでも、実にさまざまな可能性が挙げられます。

そうやってメッセージを受け取り続けていると、

「悩みを解決するためには、これが足りなかったのか」
「願いを叶えるにはこうすればいいのか」

という気づきがひんぱんに訪れるようになります。

ここで実際にメッセージを受け取った体験談をご紹介しましょう。

何度も起こる「同じこと」には意味がある

Bさんはある時、エアコンの掃除をしていたところ、いきなりカバーが外れてガターンと床に落ちてしまったそうです。

まさかカバーが外れるとは思ってもいなかったので驚いたそうですが、これもご神仏と何か関係があるかもしれないと思いを巡らせてみると、あることを思い出してハッとしたと言います。

実はしばらく前にも同じようなことがあり、冷蔵庫の掃除をしていたところ、冷蔵庫内の棚板が突然外れてビックリしたのでした。

エアコンのカバーも冷凍庫の棚板も、めったに外れるものではありません。Bさんは、あっと気づきました。どちらの時も、同じことを考えていたのです。

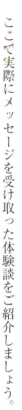

それは、2年前に別れた恋人のことでした。

当時、悲しい思いをしたBさんは、元恋人やその周囲の人たちに対するうらみつらみを心の中でグルグル繰り返していたそうです。

「そんなことはもうやめなさい」と神さまや仏さまがおっしゃっているのだと、胸にストンと落ちたと言います。

それまでも、Bさんはご神仏に手を合わせ、そのご加護を感じてきたそうですが、その一件以来、もっと身近に生々しくその存在を感じるようになったそうです。

「私はひとり暮らしなので、ご神仏に守られているという実感をもつことができ、とても安心して生きられるようになりました」と、Bさんは言います。

今では新しい人間関係にも恵まれ、いきいきと毎日を送っていらっしゃいます。

私自身もご神仏のメッセージのおかげで、「これまで下駄を履いてスキーをするような勘違いをしていたな」というとんでもない勘違いに気づけたことが何度もありました。

コツがわからないうちは「自分の気持ちの流れ」を見ていくことをおすすめします。

たとえば、道を歩いていて誰かにぶつかられたとします。

前に同じことがあった時は何とも思わなかったのに、今回はムカッと腹が立ったとしたら、そこで少し考えてみるのです。

もしかしたら、自分自身が最近誰かにきつくあたってムッとさせていたので、相手と同じ気持ちをご神仏が味わわせて、反省させようとしてくれているのかもしれません。

あるいは、心に余裕がないから穏やかになるように教えてくれているのかもしれません。

何を思い起こすかはあなた自身にしかわかりませんし、その時々によって違うでしょう。

いずれにしろ、「あれ？」と思うことが起きた場合は、

「その時、自分が何を考えていたか」

「何をしようとしていたか」

を省みてください。

すると必ず、

「あ、いつも同じことを考えている時に何かにぶつかる」

「この間も、これをやろうとした時に物を落とした」

などひとつの傾向が見えてきて、ご神仏のメッセージも見えてくるはずです。

ご神仏の導きを受け取りやすくなる4つの秘訣

さらに、もっと、メッセージを受け取りやすくするためには、次の4つの秘訣があります。

①心を開く

自分をとりつくろうことや、自分に対してウソをつくことをやめましょう。

そのままの自分をしっかりと認めてください。

たとえ何か問題を抱えていようが、あなたはこの世の中でたったひとりなのです。決して他の人の替えがきくものではありません。さらには、自分にとって比べようがないほどかけがえのない大事な存在が「自分」なのです。

胸にうやうやしく手を当てて、今そのままで、あるがままの自分が、自分にとっては一番大事な存在であると感じてください。

少しの間深呼吸をして、そのまま顔を上げてみましょう。小さな悩みが吹き飛んではいませんか？

この状態が「心を開く」という状態です。

心を開くということは、ご神仏に祈る時にとても大事なことです。メッセージも受け取りやすくなります。

②不本意な出来事を周りのせいにしない

何か嫌なことがあると、他人や環境のせいにしてしまいたくなるのが人間の性かもしれません。でも、それでは自分の人生を自分が生きていることにならなくなってしまうのです。

つまり、自分は自分にとっていいことしか引き受けないということになってしまうので、ありのままの自分を受け入れておらず、その状況も受け入れていないので、「自分の人生を生きている」という感覚が希薄になってしまうのです。

何かのせいにするわけではなく、自分のせいにして自分を責めるわけでもなく、嫌なこともありのままのひとつの状況として受けとめることが大事なのです。

これによりその状況が変わることはありませんが、実はあなたの心の中では大きな違いが出ています。まさに、ご神仏ともつながりやすい状況です。

意外と難しいかもしれませんが、何かのせいにしてしまいたくなった時には、このことを思い出してください。

③自分の感覚を信じる

世の中には特殊な能力をもっていて、ご神仏の言葉や故人の言葉や状況をありありと伝えてくれる方たちもいます。そんな人たちに比べれば、自分が受け取るご神仏のメッセージなど当てにならないと思われる人もいるのではないでしょうか？

もちろん、それらの特殊な能力をおもちの方たちの言葉は大変参考になり、助けられることもあるでしょう。

しかし、気をつけなければならないのは、そういった能力をもつ方の言葉を鵜呑みにしないことです。ひとつの参考としてはいかがでしょうか。

人はそれぞれの人生を歩んでいます。

それぞれの人生は、その人生を歩んでいる本人にしか本当のことはわからないものです。そういった能力をおもちの方も、ご自分の人生（宇宙）の範囲から他の方の人生（宇宙）をのぞき見て答えているような感じであると思います。

本来は、自分の人生の中の出来事は、自分が一番わかるものです。ですから、他の人の意見はあくまで参考なのです。

他の人の言葉を鵜呑みにするということは、その人に自分の人生の選択権を渡してしまうことになってしまいます。同時に、その人に自分の人生の責任を押し付けることにもなってしまいます。

釈尊もご存命の時に、**「自分（釈尊）の言葉であっても、納得がいかないのであれば決して飲み込んではいけない」**とおっしゃりました。

私たちはすべて、ひとり残さずご神仏と心を通してつながっています。

本来は誰もがメッセージを受け取れるのです。そして、自分の人生には、ご神仏から自分で受け取ったメッセージが一番正しいものなのです。

ですから、最初はぼんやりとわかる程度に感じても、それをどうか大事に育てていただきたいのです。

④ご神仏のメッセージを判別する

めったにありませんが、ご神仏のメッセージではないものを受け取ってしまうこともあります。しかし、そのメッセージがご神仏からのものであるかどうかを判別できる、とてもわかりやすい方法があります。

ご神仏の言葉は、絶対に人を傷つけませんし、人の命や心をそこなうこともありません。

人を責めたり、誰かを傷つけたりすることも、あるいはあなた自身を否定したり傷つけたりすることも絶対にありません。批判や誹謗中傷をすることも、もちろんありません。

時には、あなたを成長させるために、心がへこむような厳しいメッセージが届くことはあるかもしれません。

私も日分自身の一番弱いところを指摘され、耳が痛いこともしばしばあります。

しかし、それは人間の成長や気づきを願う慈悲の心から発せられたものです。決して、あなたを責めたり、おとしめたりするものではなく、親が子どもを叱るようなものです。

また、ご神仏が、あなたの日常生活を邪魔するような導き方をしたり、家族や周囲の人を困らせたりするような行動をすすめることもありません。

もし、自分を否定するようなメッセージを受け取ったと感じたら、それはご神仏からのメッセージではないので気をつけてください。

どうしても受け取れない時には

先ほど、メッセージを受け取りやすくする方法をいろいろご紹介してきましたが、どうしてもメッセージが受け取れないという時にはどうしたらいいのでしょうか。

電車に乗っている時であれば、少しの間（10秒でも1分でもいいのですが）目を閉じて、その後、目をぱっと開いて一番最初に飛び込んできた文字や状況を、メッセージもしくはメッセージの助けとして受け取ってみましょう。

受け取ったはずのものの意味がわからなかったら、何回かやってみて、それをメモに書きとめておきましょう。

後で見ると、とても大事なメッセージになっている場合があります。

街中を歩いている時など目を閉じることができない状況なら、耳に入ってくる音や会話に気をつけてみましょう。

なぜか印象に残った会話や物事には、ご神仏のメッセージが含まれています。

家にいる時でも、居間での何気ない家族の会話や、テレビから聞こえてくるドラマのセリフなどからも印象に残った言葉を拾うと、そこにご神仏のメッセージがあったりするものです。

私の知人に、しばらく目を閉じてから目を開ける方法を試してもらったことがあります。

知人は、すでに壮年で仕事のことで悩んでいたのですが、目に入ってきたのは予備校の広告でした。そこにはこんなキャッチコピーがありました。

「挑め！」

知人はこの言葉にハッとしたそうです。

仕事に関して、腰が引けて思うことも言えず悩んでいた自分に、ご神仏から勇気をもらったように思えて、気持ちが一気に明るくなったとのことでした。

しかし、目に入った広告が予備校だということで、「なぁーんだ、予備校なんてこの年齢で自分には関係ない」なんて考えて気にもしなかったら、そのメッセージは受け取れなかったはずです。

メッセージは、受け取れると信じることが何より大事なのです。

祈りの力は奇跡を起こす

ご神仏の導きは、段階を追って現れることが多いものです。

ですから、劇的な変化がなくても薄紙をはぐように少しずつ自分自身や環境が変わっていくと思っていてください。

焦りは禁物です。

日々ご神仏の存在を感じ、尊んで、さらに親しみをもって祈りましょう。

しかし、時には疲れてしまったり、もうダメだとあきらめてしまいたくなったりすることもあるかもしれません。その時は体をゆっくり休め、ご神仏に祈りましょう。

最近、祈りの大切さ、覚悟の大切さについて改めて教えられた出来事がありました。

わが家の猫の話です。

先日、猫の掻き傷が化膿したので動物病院で注射をしてもらったところ、高熱が出て飲まず食わずの状態になってしまったのです。

さまざまな検査もしてもらい、毎日点滴に通いましたが、このままだとあと1週間もたないかもしれないと言われ、私はパニックになってしまいました。

猫は、まだ3歳です。この若さで死なせるのはかわいそうに思えて、どうしたらいいだろうとオロオロしていると、お不動さまからお叱りの言葉が届きました。

「お前は行者なのに祈りもしないで、何をしている！　前のことを思い出さんのか！自分が祈りもせずに、今度も医者だけに頼るとは、お前は本当は何をしたいんだ！」

「前のこと」というのは、以前、私の不注意から飼い猫が外に出てしまい、結局亡くなってしまった出来事です。

前著『神さま仏さまがこっそり教えてくれたこと』（ダイヤモンド社）にくわしく書

きましたが、この時私はすぐペット探偵に依頼し、捜索してもらったのです。しかし見つからず、最後の最後に「生きているうちに、ひと日だけでも会わせてください」と荼枳尼《だきに》天さまにお願いして見つけ出すことができたのですが、その後すぐ亡くなってしまったのでした。

この時、私は混乱していて、もっとも肝心なこと、つまり猫の無事で帰ることを祈るということをしていなかったのです。お不動さまはこのことを指摘したのでした。

「今なら間に合うから、祈れ！」

そう言われ、ようやくハッと気づいた私は、猫が助かるように一心に祈りました。祈り終わった直後です。

ふと振り返ると、それまで何も口にしなかった猫が、水をピチャピチャと音をたてて飲んでいるではありませんか。この時は心からホッとしました。

その後、猫は順調に回復し、検査結果もすべて問題ありませんでした。

お不動さまからはこの時も、「お前には覚悟ができていない。だから今、右往左往しているんだ」と言われ、自分の未熟さを思い知らされました。

猫の一件が起きた時、お不動さまがこうおっしゃいました。

「たとえ医者がダメだと言っても、祈って元気にさせるという意気込みが行者というものだろう！」

お不動さまのお怒りはもっともなことでした。

祈りの力は大変頼りになるものなのです。その力を、行者である私が忘れてはいけなかったのです。

もちろん、あなたも祈りという素晴らしい力をもっています。

ですから、その力を日々人生のよりよい方向へ使うことを忘れないでいてください。

第四章

福の神とのご縁を深める

ご神仏と上手につながるお参りの秘訣

ご相談においでになる方が、こう口にされることがあります。

「自分は運がないな、と思うことがよくあります。すべては私が運が悪いからなんだとあきらめています」

本来、運の良し悪しは人間にはわからないものです。

こういう人は、自分で何とかできることも「運」のせいにして、逃げてしまっているのです。

でも、もし自分が運が悪いと思い込んでしまい、それも悩みのひとつとなっているのなら、その思い込みをきれいに取り去るために幸運を招く行動を起こしてみてはいかがでしょうか。

この章では、ご神仏とのご縁をもっと深めて、「福」をもらう秘訣をご紹介します。

お寺であっても神社であっても、そこは神聖な「祈りの場」です。仏さまや神さまが必ずいらっしゃいます。

前章で、寺社に行くことをおすすめしたのは、ご神仏とつながりやすくなるからですが、他にも理由があります。

日常の空間とは違う神聖な場所に行くだけで、いつもの忙しさから離れて心が穏やかになるのです。

境内の自然を見たり、ご神仏のお姿に手を合わせて祈ると、その時だけでも心の中にある悩みや迷いをいったん手放せるのです。その時にはじめて、素《す》の自分になり、悩みの正体が見えてくることもあります。さらに、

「もしかして今、私はこんなことを言われているのかもしれない」

というご神仏からのメッセージがやって来ることも多くあります。

ただし、形式的にサッとお参りするのでは、大変もったいないのです。

境内でのんびりしたり、ご本堂に入れる場合は中に入らせていただいたりして、ご神仏と対話するような気持ちでゆっくり過ごすことをおすすめします。するとしだい

に、それまでは物体にしかすぎなかった仏像に宿られている仏さまの存在をありありと感じられることと思います。

そうやってご縁を感じる寺社にお参りするうちに、たとえば同じ観音さまの像であっても、お寺や仏像によってそれぞれ個性があることもわかってくるはずです。

「このお寺の観音さまは、優しくてあたたかいお姿だな」

「この観音さまは、厳しさをもって慈悲深く導いてくださっているのだな」

と、その個性の差を感じながら手を合わせるのも、参拝の醍醐味のひとつです。

また、神社であれば、同じ神さまを祀っていても、場所によって境内の雰囲気や感じ方が違います。そこにいらっしゃる神々の息吹を感じるつもりで過ごし、祈りを届けていくと、ご神仏とのつながりをより深められるでしょう。

そうやってお参りしていくと、日常でもさらに、ご神仏の存在を身近に感じられるようになります。

ご神仏は、基本的には目上の人に接するようなつもりで、敬意をもっておつきあいしてください。大好きなおじいちゃんやおばあちゃん、敬愛する先生や先輩に会いに行くようなつもりで、ワクワクしながら寺社へお参りしてください。

人間同士でも、「心を通わせる」と言いますが、ご神仏はあなたの心からつながっているので、まさに心を通わせることになるからです。

他人には言えないこともご神仏は聞いてくださいます。心の内をぶつけるつもりで、洗いざらいお話しするといいでしょう。

ご神仏は人間と違って目に見えませんし、耳に聞こえるような会話もできません。ですから、一方通行だと感じるかもしれませんが、心はつながっています。日常の中でメッセージをどんどん受け取っていってください。

ご神仏との関わりには礼儀を忘れずに

ご神仏には、それぞれ得意分野があります。

たとえば、大黒天さまはお金や衣食住に関することが得意な神さまです。その大黒天さまに「美人になりたいです」「この恋が叶いますように」とお願いするのは、叶えてはくださるとは思いますが、たとえるならカリスマ美容師のもとで髭剃りだけ頼むようなものです。

ですから参拝前に、そのご神仏の得意分野をあらかじめ調べておきましょう。

また、ご神仏のお参りでの注意を知っておくことも大事です。

神道の神さまやお寺の天部のご神仏など、ご神仏によっては礼儀を重んじる方々もいらっしゃるので、冗談を言ったりふざけたりしながらお参りすると、失礼にあたってしまいます。

さらに、大聖観喜天《だいしょうかんぎ》さま（聖天さま）や荼枳尼《だきに》天さまなど天部のご神仏には、一度お願いしたらその後もずっとご挨拶にうかがう必要がある神さまもいらっしゃいます。できれば、一生お参りし続けるつもりでおつきあいしていただきたいご神仏です。

いずれのご神仏でも、願い事が叶ったらお礼参りに行くのが礼儀です。

特に、天部のご神仏や日本古来の神さまは、礼儀を欠くと気分を害されます。ですから、たとえすぐに行けなかったとしても、身近な方に代理でお参りしていただいたり、時期が少し後になってでも、ちゃんとうかがって礼を尽くしましょう。

どのご神仏にも共通して言えるのは、身近な存在として親しみをもってお参りすることです。それが、ご神仏への信頼を表すことになります。それぞれのご神仏の特徴を知り、ご縁を深めていきましょう。


誰もが皆、ご神仏とのご縁を必ずもっています。

あなたが、

「この仏さま（神さま）は、何となく好きだな」

「なぜか親しみを感じるな」


と思ったら、それはあなたとご縁のあるご神仏です。

あなたとの縁が強くなれば、時には得意分野の枠を超えてでも、助け船を出してくれます。

貧乏神につかれる人、福の神に縁のある人

さまざまなご神仏を代表して、ここでは、私たち日本人にとって身近な「福の神」と「貧乏神」、そして「七福神」についてお話ししていきましょう。

福の神とは、幸福をもたらしてくれるご神仏全般を指します。後でご紹介する七福神は、その代表と言っていいでしょう。

一方、貧乏神は、その福をことごとく奪ってしまう神さまです。

人を不幸にする神さまがいるなんて、と驚くかもしれません。しかし、貧乏神も人間に気づきをもたらすために必要なので、この世に存在しているのです。

福の神をはじめとするご神仏は、みなとてもきれい好きですが、貧乏神は違います。汚い家や場所が大好きで、散らかった不潔な場所に引き寄せられます。

福の神が本当に重視するのは、その人の生き方です。

また、貧乏神も人間の生き方を見てやって来ます。貧乏神はお金がない人につくと言われていますが、実はそうではないのです。

では、貧乏神が一番好きなのはどんな人でしょう？

それは、何でも人のせいにするタイプです。

また、人当たりのキツい人、自分のことしか考えていない人も、貧乏神は大好きです。つまり、**心の貧しい人が貧乏神に好かれる**というわけですね。

ですから、他人を意地悪な気持ちで攻撃したり蹴落とそうとしたりしていると、貧乏神がにじり寄ってくると思っていてください。

心が貧しい人は自然と経済的にも貧乏になっていくので、そういう人につく神さまが貧乏神と呼ばれるようになったのです。

同じように、**福の神もお金持ちにつくわけではありません。心の豊かな人に好んでつきます。**

心の豊かな人とは、文句や悪口を言わず、周囲のために尽くせる人です。

また、自分のもっているものを喜んで分け与えることのできる人です。そんな人は、まわりに応援され、ご神仏にも守られるので、経済的にもどんどん潤っていきます。

たとえ今、どんなにお金持ちでも、自分のお金を誰かに奪われるのではないかと心配して、他人のために使うことをしないでケチケチしている人は、本当の意味で幸せにはなれません。

経済面だけでなく、同時に他の面でも幸せになっていく人は、世のため人のために、その時点で身の丈に合ったお金を回していける人です。

一言で言えば、

「人が喜ぶことには福の神がやって来て、人が嫌がることには貧乏神が来る」

と考えていいでしょう。

利己的な生き方をしていると、どんなに剛腕を振るってお金を稼いでも、精神的に満たされなかったり孤独な状態になったりして、結局、福はやって来ないのです。

さて、驚くことに、貧乏神と福の神はきょうだいだと言われています。

ですから、福の神が来たと喜んでいると、ある日突然、血縁関係のある貧乏神が来るかもしれません。

たとえば、福の神が来て裕福になった家があったとします。

しかし、その境遇にあぐらをかいて人に施《ほどこ》しもせず浪費したり貯め込んだりしていると、福の神は嫌気が差して、きょうだいである貧乏神と交代してしまいます。すると、家の運が傾き、経済的に転落していく、というわけです。

しかしそれは、人間にとってありがたいことでもあります。

なぜなら、そのままおごり高ぶっていたら、人としてさらに間違った方向に進み、悪い縁を結んでしまうからです。貧乏神が来て困窮することによって、自分の生き方を省みたり、人の情けを知ったりすることで成長するのです。

仏教では、豊かになればなるほど慈愛をもって社会や周囲のために還元していくのが、富める者の義務だと考えます。

貧乏神は、心の貧しい人に「教育的指導」をしてくださる大切な神さまなのです。

万が一、貧乏神につかれたと思ったら、どうしたらいいでしょう。

「あっちへ行って！」と毛嫌いしても出ていってはくれません。

「お金がないから」と心まで貧しくなったら、貧乏神が居ついてしまいます。貧しいながらも、自分ができることを惜しみなく人にしてあげることです。

たとえば、お財布にある小銭を募金したり、ボランティア活動に協力し、労働力や自分の能力を提供したりすればいいのです。

お茶碗1杯分しかないご飯を「分け合って食べよう」と言える思いやりがもてるかどうか。これがとても大事なのです。


先ほど、汚い部屋には貧乏神が来るとお話ししましたが、これも思いやりの問題です。

自分の住む環境や部屋に対して思いやりがあれば、汚れたままにせず、できるだけきれいにしてあげようと思うはずです。

また、着るものや食べるものに対しても手をかけ、周囲の人はもちろん、物に対しても丁寧に接するはずです。

「面倒くさいから散らかっててもいいや」

「忙しいから適当にしよう」

と思う人は、貧乏神が「こんにちは」とやって来るので注意してください。

あらゆるものに感謝の念をもち、さらには、それを人に分け与えることに喜びを感じていれば、貧乏神が来たとしても、すぐにきょうだいである福の神に代わってしまいます。

つまり、貧乏神と縁を結ばないためには、慈悲深く生き、社会に貢献できることはないかと考え、人に施していくことを忘れないでいればいいのです。

福の神に好かれる人の特徴

- いつも感謝の心でいる人
- 他人と分かち合うことのできる人
- 他人のために尽くせる人

- 文句、悪口、愚痴を言わない人
- 他人の喜ぶことが好きな人
- 身のまわりを清潔にしている人
- 身の丈に合ったお金の使い方ができる人

貧乏神に好かれる人の特徴

- 汚い部屋、散らかった部屋に住んでいる人
- 不潔にしている人
- 自分のことしか考えていない人
- 何でも人のせいにする人
- 他人を妬む人
- お金がなくなることをいつも心配しているケチな人
- 他人に厳しい人、意地悪な人
- 浪費癖のある人

面倒くさがりの人

もっと豊かになれるお金の使い方

本当の意味で豊かであり続けるためには、富を受け取る覚悟が必要です。

富を受け取る覚悟とは、自分にやって来たお金や財産は自分だけのものではないと理解し、人と分かち合う姿勢をもつことです。

入ってきた豊かさを自分だけのものにしておきたいと思う強欲な人は、富を受け取る覚悟ができていないのです。富を得る前から受け取る覚悟をもつことが、とても大事なのです。

身の丈に合ったお金をめぐらせていると、一度出ていった富が何倍にもなって返ってきます。

そもそも、私たち人間がお金を自分のためだけに使おうとすると、どんどん間違った方向へ進んでしまいます。最後には自滅することもあるので、気をつけなければなりません。

不安や恐れからお金を貯め込んでいるだけでは、豊かさは訪れません。

お金は流していくからこそ、さらなる豊かさを生み出します。

お金は感謝の気持ちの流れとも言えるかもしれません。

たとえば、あなたがレストランで食事をしたとします。すると、そのレストランの経営者やスタッフだけでなく、レストランに食材をおろしている会社、食材の生産者、食材を運ぶ運送業者など、さまざまな人にお金が流れ、彼らが豊かになっていきます。

物やサービスを消費するということは、たとえそれがコンビニのおにぎり1個であったとしても、大勢の人に影響を与えるということです。

そう意識しながら感謝とともにお金を巡らせていけば、福の神からすぐに気に入られるでしょう。

感謝してお金を流すと、福の神の目にとまります。

たとえば、タクシー料金を払う時に、雑に渡すか、感謝して渡すのか。

投げるようにお金を支払う人もいれば、「ありがとう」と一言そえてお金を渡す人もいるでしょう。**お金は感謝を表す手段のひとつです。ですから、たくさん感謝される人にはお金が集まりますし、感謝する人も福の神を呼び寄せます。**

もちろん、お金も、ご神仏からいただいた運も、自分自身のために使っていいのです。心配事や問題を解決し、欲しかった物を買い、行きたかった場所に行き、夢を叶えましょう。

でも、それを受け取った後は、人のために何ができるか、どう生かしていけるかを考えることが何よりも大事になってくるのです。**どんな形でもいいので、豊かさや幸せのおすそ分けをしていきましょう。**お祈りする際にそこまでイメージできれば、願いはスムーズに叶うでしょう。

開運に効果あり！　七福神めぐり

日本には、福をもたらしてくれる特別なご神仏のグループがあります。

それが、七福神です。大黒天さま、弁財天さま、毘沙門天さま、恵比寿天さま、布袋尊《ほていそん》さま、福禄寿《ふくろくじゅ》さま、寿老人《じゅろうじん》さまの七尊の神々です。

七福神の神々は寺社を問わず全国各地に祀られているので、あなたもどなたかを祀る寺社にお参りしたことがあるのではないでしょうか。

七福神は私たちに縁の深い方々ですが、恵比寿天さま以外は、みなさま「海外出身」です。

もともと、大黒天さま、弁財天さま、毘沙門天さまは、インドで広まったヒンドゥー教の神さまであり、福禄寿さまと寿老人さまは中国の道教、布袋尊さまは中国の仏教の神さまなのです。

なぜ海外の神さまが日本で祀られているかというと、インドや中国から宗教が入ってきた際に、その国の神々も渡来したからです。やがてもともと国内にいたご神仏とひとつになったり、少し形が変わったり、もしくはそのまま日本でお祀りされるようになりました。

たとえば、大黒天さまは「マハーカーラ」というヒンドゥー教の神さまが、もともと日本にいたオオクニヌシノミコトとひとつになった存在です。

七福神と言えば、にぎにぎしい宝船に笑顔で乗っている姿が思い浮かびますが、このようにさまざまな出自のご神仏が仲よくひとつの船に乗っている宝船は、何の偏見も争いもない「和合の船」であり、「国際協力の船」とも言えるのです。


七福神はみなさまそれぞれに「得意技」があり、力を合わせて福と富を私たちにもたらしてくださいます。この7つのご利益をすべて合わせもつことで、本当の幸せを手にできるという信仰が、七福神信仰です。

個性豊かな七尊すべてを回ることで、勢いが出て運が発展するとされています。

たとえば、**大黒天さまは困難を切り開いて徳を授けます。**

弁財天さまは、財と才能を授け、良い縁を結んでくれます。

寿老人さまは、人から尊敬される徳を授けてくれます。

毘沙門天さまは、邪魔をする人や障りを遠ざけます。

このようにさまざまな力を一度に得られるのが、七福神巡りです。

実際に七福神巡りをした人が次々に開運して、「お参りしたらいいことがあった！」

「運がよくなった」ということがよくあったからこそ、今でもその伝統が受け継がれ、各地で七福神巡りが続いているのでしょう。また、ほとんどのコースが半日〜1日で気軽に回れることも魅力のひとつです。

全方位で運を開く七福神巡りはいつお参りしてもいいのですが、特に、**これから新しいことを始めたい方、心機一転してがんばりたい方におすすめです。**

たとえば、起業する時、転職したい時、新しいプロジェクトを始める時や新商品を売り出す時などに七福神巡りをすると、いいご縁をいただけます。

また新年も、一年の始まりにいい縁を結ぶという意味ではうってつけです。

七福神の神さま方は7つの「幸せの卵」を手にして、人間に分け与えてくださるようなものだと私は思っています。

その卵を大切に温めて孵化《ふか》させられるかは、私たちしだいです。

真摯《しんし》に七福神にお願いすれば、神々は張りきってご縁をつなぎ、その人が幸福になるきっかけを与えてくださいます。そのきっかけをしっかりつかんで、育てていきましょう。

大黒天 だいこくてん（大黒さま）

ヒンドゥー教では「マハーカーラ」と呼ばれる神さまで、漢字で書くと「摩訶迦羅《まかから》天《てん》」です。これは「大きな黒い天」という意味で、「大黒天」につながります。

日本の神さまであるオオクニヌシノミコトは、「大国主命」と書くので、音読みすると「だいこく」です。このような共通点から、両者はひとつの存在として祀られるようになりました。

また、どちらにも**「食べ物に困らない」**というご利益があることも共通しています。

インドのマハーカーラのほうは武神として有名で、荒々しい姿をしています。にこやかな日本の大黒天さまとは違い、象の生皮をかぶってドクロの首飾りをかけ、手には剣や人の頭（一説にはシバ神の頭）などをもっているのですが、これは強さの象徴です。

オオクニヌシノミコトは、因幡《いなば》の白ウサギの神話などでその優しさが広く知られ、柔和な印象をもっている人も多いかもしれません。しかし、この神さまも実はとても強い神さまです。

兄弟や義父に殺されかけながらも、母や妻に助けられて何度も復活を遂げ、ついには国を統一し、治めるところまで出世します。


大黒天さまといえば、大きな袋をもっている姿を思い浮かべる人も多いでしょう。

あの袋にはいろいろな人に授けるための福が詰まっていると言われています。

生きていくための食事に困らないような富や、福をもたらしてくれる神さまです。

そんな大黒天さまにまつわる逸話が中国に残されています。

中国にとても徳の高い僧がいましたが、寺は貧しく食べ物に困っていました。

しかもこの僧を慕って、弟子志願の修行僧が大勢やって来ます。寺では、彼らを何とか寝泊まりさせていましたが、ある時、ついにお米が尽きかけてしまいました。

そこで、大黒天さまをお祀りして祈ったところ、お釜がご飯で満たされるようになり、いくら食べてもご飯が尽きることはなくなって、全員がお腹いっぱい食べられるようになったそうです。

以来、どのお寺でも、台所には必ず大黒天さまを祀るようになったと言われています。

また、今でも日本のお寺では、住職の妻を「大黒さん」と呼ぶ風習が残っています。

大黒天さまは、**曲がったことが大嫌いな神さまでもあります。**

ですから、筋が通らないことでトラブルに巻き込まれていたり、理不尽な目に遭ったりしている時に、大黒天さまに「助けてください！」とお願いすると、力強く救ってくださいます。

弁財天 べんざいてん（弁天さま）

ヒンドゥー教では「サラスヴァティー」という水の神さまで、日本でも池のほとりや海辺などに祀られることの多い、七福神唯一の女神です。

良縁を結ぶとともに、悪縁をきっぱり切ってくださるのが弁財天さまのご利益です。

東京にある井の頭公園の池のほとりには弁財天さまが祀られていますが、ひとつ都市伝説があります。カップルでこの池のボートに乗ると、この弁財天さまがヤキモチを焼いて、別れさせるというのです。

しかし、これは大きな誤解です。弁財天さまが嫉妬したり、ヤキモチを焼いたりすることはありません。

弁財天さまが割かれる縁は、一緒にいると、かえってよくない縁だけ。

つまり、お互いの学びにもならないどころか、憎み合ったり、相手をおとしめたりしてしまう可能性がある縁だけです。

ご神仏は将来をお見通しですから、即座に良い縁と悪い縁を見極められます。今はどんなに気持ちが盛り上がっていても、いつかは別れてしまう間柄や、お互いのためにならない悪縁をサッと判断して、早めに切ってくださるのです。

たとえば、良い縁ではなかったカップルが別れるのに、5年かかるとします。

そういう場合、楽しいのは1年だけで、あとの4年は苦労の連続になるかもしれません。弁財天さまはそんな二人の縁をスパッと切り、「この人でいいのだろうか」と悩みながら過ごす4年間を短くしてくださいます。

でも、それが良縁であれば、必ず守ってくださるので安心してください。実際に、私は夫と井の頭公園のボートに何度も乗りましたが、今も円満に暮らしています。

私たち人間とご神仏では、相性を見る時の視点が違います。

ご神仏から見れば、その人にとって良い縁かどうかは、お互いが発展していける関係であるかがポイントです。

一緒にいて心や魂が成長できる関係であり、お互いを磨いていける間柄であれば、どんなに障害があってもご神仏はその縁をつなげてくれます。

しかし、なれ合いになったり、どちらかが相手を利用したりしている関係であれば、お互いが好き合っていてもご神仏が縁を切ってしまうことがあるのです。弁財天さまは、特にその力が強い天部のご神仏です。

以前、友人から「恋人と別れたい」と相談を受けたことがあります。

話を聞くと、相手の言動によって友人は心も体もボロボロに傷ついていました。別れたほうがいいのは明らかですが、すでに関係がこじれていて、人間の手ではどうしようもなさそうです。

そこで私が弁財天さまにお願いしたところ、すぐに「大丈夫よ」という返事が返ってきました。

私はそのことを伝え、友人にも近くの弁財天さまにお参りに行って祈るようにすすめました。
その後すぐ、相手のほうから去っていき、いくら望んでも切れなかった縁が切れたそうです。

弁財天さまに限らず、**ご神仏に縁切りをお願いすると、たいていは1～2か月、早い時は数日、遅くとも半年ほどで結果が出ます。**

しかし、お互いに不満やわだかまりがあっても、そこから学ぶべきことがあれば、それを学び終わるまで縁が切れない場合もあります。

ご神仏がそのように縁をつないでいるので、「別れさせてください」とお願いしても、聞き届けられません。縁切りをお願いしたのに叶わない場合は、そこに学ぶべき何かがあるのだと考えましょう。

そのような不本意な関係が続いている時は、弁財天さまにお願いすれば正しい方向に導いてくださいます。

「私が学ぶべきことは何かがわかるようにしてください」

と祈り、あなた自身も、相手との関係を見直してみるといいでしょう。

弁財天さまは芸能の神さまとしても有名ですが、実はこれも良縁をつないでくださるご利益から来ています。

まず、才能を開花させるには、その才能が磨かれるよう導いてくれる人とのご縁がなければなりません。また、どんなに芸事がたくみにできても、それを認めてくれる人や喜んで鑑賞してくれる人、応援してくれる人のご縁がなければ、世の中に出ていくことはできません。

人だけではなく、いい教室や発表のチャンス、便利な稽古場など、その人に合った縁を結んでくださるのが、弁財天さまのご利益です。

また、全国各地の銭洗《ぜにあらい》弁天さまでは、水でお金を洗う風習があります。

これには、お金にまつわる悪い縁を洗って落とすという意味もあります。

弁財天さまが悪縁を落として良い縁を結んでくださるので、私たち人間が現実で良い縁を結ぶようなお金の使い方をしていくと、どんどんお金が巡ってきます。

良い縁を結ぶ使い方とは、自分や人のためになる「お金の福徳」を使うことです。

たとえば、将来世の中の役に立つであろう自分の勉強や仕事に投資したり、誰かに感謝を表すために使ったりするのは、お金の福徳を使うことになります。

お金は使ったらその分なくなっていきますが、自分の知識や能力、人の縁は使っても減らず、さらには人の役に立ちます。仕事との縁や、場所との縁も同じです。大切にすれば、一生のつながりが結べ、お金の福徳を生んでいきます。

このように、お金を使う時の姿勢も、金運を大きく左右するのです。ご神仏にお願いして、もし宝くじが当たったとしても、それを上手に使って福徳を世の中に循環させなければ、あっという間になくなってしまうでしょう。

もちろん、銭洗弁天さまだけでなく、普通の弁財天さまにも同じご利益があります。弁財天さまにお参りする時には、ただ「お金をください」と祈るのではなく、

「お金の福徳が生まれる縁をつなげてください」

と祈り、自分自身もお金を使って良い縁を巡らせていくように心がけることが大切です。

弁財天さまは、そうやって才能やお金の縁を紡いでくださるのがとても得意な神さまなのです。

毘沙門天　びしゃもんてん

武闘の神で、暗黒界にいる邪神、邪鬼、夜叉《やしゃ》などを統率する王とも言われています。しかし実際には、仏教を守護する四天王の中の一尊でもあり、手のひらから財宝を授けてくださる福の神です。

毘沙門天さまの特徴は、妻の吉祥天さま、子どもの善膩師童子《ぜんにし》など、ご家族全員が福の神であることです。ですから、毘沙門天さまにお参りすれば、ファミリー全員のご加護が一度に受けられるのです。

お参りする際にそのことを意識すると、よりいっそう守りの力が強くなるので、ぜひ覚えていてください。

戦国武将が守護神にしたほどですから、毘沙門天さまの強さは折り紙つきです。

その強さで、**私たちの平和な生活を邪魔するさまざまな障害を追い払ってくださいます。**

問題を解決したい時や叶えたい願いがある時も、必ず何らかの壁やトラブルが立ちはだかりますが、毘沙門天さまはそれらをすべて取り払うことができます。たとえば、あなたを邪魔する商売敵を遠ざけたり、他者からの妨害があった場合には、それをはね返したり……。**近寄ってくる邪気や困難、悪事をはねのけ、目的を達成させてくれるのが、毘沙門天さまのご利益です。**

恵比寿天 えびすてん

もともとは神道の神さまですが、神仏習合の結果、現在はお寺でも祀られています。商売繁盛の神さまでもあり、大黒天さまとともに古くから商家で信仰されてきた、日本人にはなじみ深い神さまのひとりです。

本来、恵比寿天さまは「蛭子神《ひるこ》」と呼ばれ、古事記では、実の親（イザナギノミコト、イザナミノミコト）によって海に捨てられてしまいました。なぜかというと、誕生時に発育不良であったからとされています。

一説では、「歩けなかったから」とも言われていますが、海岸に流れ着き、立派に育って神さまとしてひとり立ちします。恵比寿天さまは、捨てられてしまったのに自力で生き残り、自分が神であることを忘れませんでした。

生まれてすぐ捨てられたのですから、親を恨んだり、自暴自棄になったりする可能性もあったはずです。しかし、まっすぐ育ち、神になられた。ここが恵比寿天さまのすごいところです。恵比寿天さまは、そのような**タフさや環境に負けない強さを、私たちに授けてくださいます。**

釣り竿と鯛をもつ姿で表現される恵比寿天さまですが、これにも深い意味があります。

人間の乱獲による漁獲高の減少が昨今問題になっていますが、私たち人間は、地引き網で海の幸を根こそぎ捕まえます。恵比寿天さまは、食べられる分だけの魚を釣り竿で釣って恵みとして得ています。その姿で、自然と共生しながら豊かに生きることを教えてくださっているのです。

そうやっていけば自然が枯渇することはありませんし、その人に合った富が必ず授けられます。

地球環境が破壊されて困るのは人間です。恵比寿天さまは、バランス感覚をもって**生きることの大切さを教えてくださっているのです。**

布袋尊《ほていそん》

大きなお腹でにこやかに笑う、本当に福々しいお姿をしています。柔和な笑顔の人を、「布袋さまのようだ」とよく言いますね。

布袋尊さまはその見た目通り、人づきあいが円満にいくよう調整したり、夫婦仲がよくなるように働きかけたりしてくださいます。**円満な人間関係や夫婦関係の和合を象徴し、簡単に言えば、笑顔でいられるような状況をつくってくれる存在です。**

たとえば、職場の対人関係がうまくいかない、家族や夫婦の争いが絶えないという時は、ぜひ布袋尊さまにお願いしてみてください。

職場でも家庭でも、人間関係がよくなればストレスが減り、自分の力を思いきり発揮できるようになります。すると、自然に豊かさもやってきます。布袋尊さまは、**人間関係がうまくいくことによって得られる福徳をもたらしてくださるのです。**

布袋尊さまは着物の前がはだけて、ふくよかなお腹を出している姿で描かれることが多いのですが、そこにもひとつのメッセージが込められていると私は思います。

「細かなことは気にせず、オープンマインドでいきなさい」

「腹をさらけ出して、人とつきあいなさい」

と、あのお姿が教えてくれていると思うのです。

像や絵画などでご神仏のお姿を見る行為には、そのお力を自分の中に取り込むという意味もあります。ですから、布袋尊さまの大らかな姿を見て、心の疲れやイライラを取り去ってください。

布袋尊さまも手に袋をもっています。自分のところに来てくれた人に、その人に合ったご利益を出して、与えてくださるためだそうです。

人とのご縁をつなげたり、修復したりするのが得意な神さまなので、良好な関係を結びたい人がいる時には、ぜひお参りしてください。

布袋尊さまは、中国では弥勒《みろく》菩薩さまの生まれ変わりとしても信仰を集めています。

弥勒菩薩さまとは、56億7千万年後にこの世に現れて人々を救うと言われている仏さまです。その弥勒菩薩さまがすでにこの世に生まれ変わっているのが、布袋尊さまだという信仰があるのです。ですから、七福神の中では神社よりもお寺に祀られていることが多いご神仏です。

福禄寿《ふくろくじゅ》

子孫繁栄、長寿の神さまです。寿老人さまと同じ存在ではないかという説があります。それほど外見もご利益も似ています。

福禄寿さまは福の象徴である鶴と常に一緒にいるのが特徴です。

福禄寿さまは、その名前が表す通り、「福（子孫に恵まれる）」と「禄（財産や仕事に恵まれる）」と「寿（長寿）」をもたらしてくれる神さまです。

つまり、**仕事も安泰でお金にも子どもにも恵まれ、長生きできる。**もともと福禄寿さまについて説かれていた道教における、最高の幸せをもたらしてくれる神さまです。

寿老人　じゅろうじん

寿老人さまは南極星の化身とも言われ、福禄寿さまと同じように子孫繁栄と長寿のご利益があります。

外見も両尊はそっくりで、優しいおじいさんの姿をしています。そのお姿を見るだけで心がくつろぎ、癒しが得られます。寿老人さまは常に鹿をつれています。

加えて寿老人さまには、認められるべき人に認められ、人からの名声や尊敬の念を得られるというご利益があります。

ご神仏に参拝する際の5つの心がまえ

寺社にお参りする際の具体的な心がまえを簡単にまとめました。

①きちんとした格好で参拝する

自分なりのスタイルで大丈夫ですので、失礼のない服装で行きましょう。必ずしもスーツでなければいけないとか、TシャツやGパンなどは絶対にNGというわけではありません。上司や尊敬する先生のご自宅を訪問する際にどんな服装で行くかをイメージするといいでしょう。

②他の参拝客に迷惑をかけない

拝殿の真ん前に長時間立ってお祈りしたり、大声でおしゃべりしたりして他の人を邪魔してはいけません。きちんとしたスタイルで参拝するのは、悪目立ちする格好で他の参拝客を刺激するのを避けるという意味もあります。

③親族が亡くなった場合は、49日間は神社にお参りしない

親族（親、祖父母、兄弟姉妹、子どもなど）が亡くなった場合は、四十九日は忌中《きちゅう》（喪に服する期間）なので神社には参拝しません。

④ご神仏についての知識を得てからお参りする

ご神仏のお力や背景について知識がなかったとしても、ご利益はいただけます。

でも、人間同士でも、相手の情報をあらかじめ知って会ったほうが親密になりやすいように、ご神仏のもつ歴史や特徴、得意分野などを知ったうえでお参りしたほうがより深く、濃い関係を築いていけます。

⑤お供え物は寺社のルールに従う

日本には、古くから、それぞれのご神仏やご神仏の眷属の好物をお供えする風習があります。お稲荷さまに、眷属であるキツネの好物の油揚げをお供えするのは有名ですが、他にも弁天さまには生卵をよくお供えします。眷属である蛇の好物だからです。

今でも時々見られますが、昔はおじいちゃんやおばあちゃんが自宅で採れた果物や花、家にあるお菓子などをよくお供えしていました。お供えは、そのような気楽な感覚でも大丈夫です。

心がこもっていれば、どんなお供え物でもご神仏はとても喜ばれます。また、眷属たちもとても喜びます。

ただし、ご神仏にお供えをしたい時は、寺社のルールに従いましょう。お供え物をする場所が設置してある場合は、そこにお供えします。もし設置されていない場合は社務所で聞いてみましょう。

カラスなどが来るので、寺社の方が直接預かってくださる場合もあります。預かったお供え物は、お経や祝詞を上げる時間にご神仏の前に供えてくださいます。

また、お供えするのはＯＫでも、そのまま放置せずに持ち帰るように書かれている寺社もあります。その際は、お祈りする間だけお供えして持ち帰りましょう。

いったんお供えした物を、その後自分たちで食べることを「お下がりをいただく」と言います。

ご神仏は、香りを通してそのお供えを受け取ります。ですから、可能であればお供えする際には、飲み物ならフタを開け、お菓子なら一部でいいので包装から出してご仏前やご神前に置くとよりいいと思いますが、まずはその寺社の通例に従ってください。

ご縁をさらに深める方法

ご神仏とのおつきあいは、人づきあいと似ています。

誰かと縁を結びたいと思ったら、礼儀を尽くし、その人のもとへ何度も足を運びますね。何かをお願いするとなったら、なおさらです。

基本的には、前にもお話ししたように一度でも心からお参りすれば、ご神仏とのご縁は結ばれます。でも、たとえば芸能マネージャーがタレントを売り込むためにテレビ局回りをしたとして、一度顔を出しただけでおしまいだとしたら、その後の仕事につながる可能性は限りなく低いでしょう。

何度も通って顔を覚えてもらい、その存在を知ってもらってはじめてオファーが来るのです。

いろいろな寺社にお参りしてご縁を広げるのもいいのですが、まずは自分の好きなご神仏の祀られているお社に通い、仲良くなることが本当はとても大事です。つまり、ご神仏との親密度を上げることが大事なのです。

ただし、その際、

「お参りさえしておけば、願いを叶えてもらえる」

「お金が欲しいから、とりあえず通っておこう」

といった下心全開では、ご神仏は動いてくださいません。

もちろん、人を傷つけることでなければ、何でもお願いしていいのです。

しかし、「お金が儲かるかもしれないから、形式的にお参りしておこう」と思って会いに来られたとしたら、私たちだっていい気分ではありませんね。

その代わり、自分のことを心から信じて何度も通ってくれる人のことは、一肌脱いであげようと思うものです。


では、どんな人がご神仏に距離を置かれるかというと、一言で言えば、自己中心的な人です。

自分だけが幸せになれれば他人はどうなってもいいと思う人、お金や出世しか眼中にない人……。

つまり、私たちが見て、普通に「この人なんだか嫌だな」と感じる人が、やはりご神仏からも距離を置かれたり、教育的指導をされます。

また、人を責めてばかりいる人も要注意です。

誰かを育てようとして厳しく叱るのは意味がありますし、筋が通っているなら問題ありません。しかし、感情的になって暴言をぶつけたり、立場を利用して目下の人につらくあたったりする人は、ご神仏から目をかけてもらいにくくなります。

御札の力

ご神仏の御札《おふだ》をお祀りするのも、家や自分自身を守るためのひとつの方法です。

夫が学生だった頃の話です。夫の部屋に友人たちが遊びに来ている時に、ノックの音がしたので玄関を開けてみると誰もいない、ということが何度も続いたそうです。

田舎のアパートで、ドアを開けると見晴らしがよく、誰かがイタズラしても身を隠すような場所はありません。ノックの音は昼夜問わず何度も続き、私がいる時にもその現象が起こりました。

そこで、荒神さまの御札をお祀《まつ》りしたところ、ノックの音はピタリとやんだのでした。しかし、それ以降、ノックは本当に一切なくなったので、かえってみんなが不気味がったという思い出があります。

古くから日本には御札を祀る風習があるため、昔の習慣のひとつにすぎないと思っている人も多いかもしれませんが、このように御札は強力な力で私たちを守ってくれます。

魔除けや災難除けだけでなく、開運や心願成就などの祈願をした御札も同じようにお力を発揮します。

以前、友人から相談を受けた際にも、御札が解決してくれました。

友人のご主人が会社の人間関係でもめて、トラブルの相手から嫌がらせをされて困っているというのです。とうとう車のタイヤの空気をすべて抜かれるところまでエスカレートしたので何とかしてほしい、という依頼でした。

私は、自分で描いた大黒天さまの絵を、御札がわりに友人に送って祀るように言い、その後、自分自身でも祈りを捧げました。

大黒天さまは、理不尽を正す強い力をもっていらっしゃいます。

その後すぐ友人から、問題が解決したと連絡がありました。なんと、絵を祀った3日後に、トラブルの相手が退職を希望し、受理されたとのことでした。

仏壇や神棚と同じように、御札もご神仏とつながる窓口となります。

ご縁のある寺社で御札を受けたら、自分の目線より高い場所に安置し、できれば毎日手を合わせてください。

部屋をお清めする方法

何となく嫌なことが続いている……という時には、あなたの部屋や家をお清めしてみてはいかがでしょうか。

ご神仏を祀るだけでも、部屋はお清めされ、守られます。

密教では、自然のあらゆるものがご神仏だと捉えます。

風も水も火もすべてご神仏なので、お清めをお願いすることもできます。

もっともおすすめなお清め法が、窓を開けて部屋の風通しをよくすることです。

特に「嫌だな」と思ったところに風が通るよう工夫してください。風の神、風天《ふうてん》さまが邪気を払ってくださいます。この時、「オン　バヤベイ　ソワカ」と真言を唱えるといいでしょう。

台所のコンロに火をつけて、火の神である火天《かてん》さまとお不動さまにお願いしてもいいでしょう。

自分がこれで大丈夫と思えるまでコンロの火を2〜3分だけつけ、感謝とともに火天さまの真言「オン　アギャノウエイ　ソワカ」、さらにお不動さまの真言「ノウマクサンマンダ　バザラダンカン」を唱えましょう。

みるみる空気の感じが変わるのがわかると思います。

第五章

迷いを幸運に変える

問題の原因を取り去る言葉

仏教では「原因があるから、結果がある」と考えます。いわゆる「因果の法則」です。

精いっぱいがんばっているのに、なぜか不運から抜け出せない。

ひとつ問題が解決したと思ったら、また新たな問題に突き当たる。

こんなふうに、自分では真摯に生きているのに、日々つらい思いが続いているとしたら、これまでお話ししたようにご神仏のメッセージを受け取っていきましょう。

しかし時には、自分ではすっかり忘れてしまっていたことに原因があったりします。

その忘れてしまっている過去の出来事もすべて懺悔をすることでご神仏に許していただき、心晴れ晴れと新しい出発をすることができます。

その祈りを届けられる言葉が、お経を読む前に必ず唱える「懺悔文《さんげもん》」という経文です。

文字通り「懺悔する言葉」で、超訳すると、「過去いつ犯したかわからない罪をすべて懺悔します。お許しください」という意味です。

懺悔文

我《が》昔《しゃく》所《しょ》造《ぞう》諸《しょ》悪業《あくごう》
皆《かい》由《ゆ》無《む》始《し》貪瞋痴《とんじんち》
従《じゅう》身《しん》語《ご》意《い》之《し》所《しょ》生《しょう》
一切《いっさい》我《が》今《こん》皆《かい》懺悔《さんげ》

読み下し文

我《わ》れ昔《むかし》より造《つく》る所《ところ》の諸《もろもろ》の悪業《あくごう》は、
皆《みな》無始《むし》の貪瞋痴《とんじんち》に由《よ》り、
身語意《しんごい》従り生《しょう》ずる所《ところ》なり、
一切《いっさい》、我今皆懺悔《われいまみなさんげ》したてまつる。

意訳

始めのわからない遠い昔から、
貪《むさは》り怒り愚かさの三毒の煩悩により
身《み》と口《くち》と意《こころ》とに私が造ったもろもろの罪とがを
今すべておわびします。

この懺悔文はいつどこで唱えてもいいのですが、もし可能なら、お寺にお参りしてご神仏の前で手を合わせて唱えると、ご神仏に直接届くでしょう。

ただし、ただ唱えるだけではなく、**「昔のことすぎてわからなくなってしまった罪や、まったく気がついていない罪を含めて、すべての悪い行いをおわびします」**と心からご神仏におわびしましょう。その時はじめて、この経文はご神仏に届きます。

朝夕やふと気がついた時、また、メッセージを受け取る前や、日々の祈りを届ける前に唱えるのもおすすめです。

先住者のいた部屋

いくら懺悔して自分の罪をわびても、どうしても思わぬことに遭ってしまうこともあります。

ある時、友人から「安い物件が見つかって今度引っ越しをするので、ちょっと部屋を見てくれないか」との依頼がありました。

「相場よりずっと安くしてもらった」と喜ぶ友人とその部屋に行き、ふと室内に置いてあったクリーニング証明書を見ると、「ただし、クローゼット以外」とあります。

なぜだろうと、造り付けのクローゼットの扉をあけて驚きました。

クローゼット中一面に、赤黒い血がブワッと広がっていたのです。

振り返って後ろにいた友人に「これ、知ってた？」と聞くと、「うん、不動産屋さんはペンキだって言ってた」と涼しい顔です。

私は葬儀をさせていただいた経験で、ご遺体のにおいや血のにおいはわかります。

決してペンキなどではありません。

「これ、血の跡だよ」と言っても、友人は「あ、そうなんだ」と怖がる様子もありません。

実は、少し事情があり、地方から身ひとつで上京してきたこの友人は、物件探しに苦労していました。そんな中、審査も簡単で安い物件が見つかったので、気味悪がるどころか引っ越しができるうれしさでいっぱいだったのです。もちろん、契約を解除するつもりはないと言います。

仕方なく私はビニール手袋を用意して、友人と血痕をきれいに拭き取りました。

その後、私はお祈りをしてその部屋で起きた出来事を感じてみました。

私は霊能者ではないので、亡くなった方の声が聞こえるわけではありません。しかし、お不動さまの導きで、そこで何が起きたかを感じることはできます。

おじいさんが孤独の中で亡くなられた場所が、そのクローゼットだったようです。自死なさったのかどうかまではわかりませんでしたが、寂しさの念が強く残っているのを感じました。

私は、おじいさんの霊を家に連れて帰って丁寧に供養し、お不動さまに導いていただきました。

今思えば、そのおじいさんは、友人を通して私がやって来るのを待っていたのかもしれません。

おじいさんに「一緒に行きましょう」と言うと、素直についてきてくれました。きっと、おじいさんを連れて帰るのが私の役目だったのだと感じています。

念のために言うと、亡くなった方の霊をその場から連れて帰るのも、私ひとりの力でできることではありません。すべて、お不動さまのお力を借りておこなっています。

しかし、このおじいさんのようにすんなりついてきてくれない場合もあります。

突然の事故で命を落とし、自分が亡くなったことにさえ気づかず、事故現場に縛られているような方です。

そのような場合は、お不動さまが羂索《けんさく》（お不動さまが手にしているひも）でシュッと縛って、祭壇まで連れてきてくださいます。そこから丁寧に供養し、あの世へと旅立っていただくのです。

ご神仏にお願いすると、ベストな物件に巡り合える

部屋を探す時は、自分の信じているご神仏に「いい物件が見つかりますように」とお祈りをして物件探しを始めましょう。

また、部屋を内見する時には、ドアを開けて入った時の第一印象、感覚を大事にしましょう。

「ちょっと嫌な感じがする」
「なんとなく薄暗い」
「ちょっと雰囲気が変だ」

こう感じる場合は、どんなに条件がよくてもおすすめできません。その感覚は、ご神仏があなたに送っているサインであることも多いのです。

時には、気分が悪くなったり、頭が痛くなったりする場合もありますし、契約しようとしても、アクシデントが起きて不動産屋さんに行けなくなる場合もあります。

それらも、ご神仏のご加護です。

はじめにご神仏にお願いしておくと、入った当初はいい条件には思えなくても、半年後くらいに仕事やライフスタイルが変わり、その部屋がピッタリになるということも起こります。

たとえば、なぜか広めの部屋に引っ越してしまったけれど、1年もしないうちに結婚して子どもができたり、職場への交通の便が悪いのが難だと思っていたら、引っ越し後すぐに転職が決まり、その部屋が通勤に便利になったりするものです。

ご神仏の判断は、人間の小さな考えを超越しているので、どんな時も信頼して、与えられた縁の中から最善の選択をしていくと、最終的には一番いい場所へと導いてくださいます。

生きている人の念にも気をつけよう

時に亡くなった方よりも、生きている人から送られる念のほうが、私たちに強く影響を及ぼすことがあります。

近所に知り合いの大変仲のいいご夫婦がいるのですが、ある時、奥さまが体調が悪いとのことで突然臥せってしまいました。

ご主人も「なんだか妻は最近、急に元気がなくなって……」と暗い顔をしておっしゃいます。

いつもは元気な方なので心配になり、お見舞いにうかがいました。すると、奥さまからふだんのほがらかな笑顔が消えていて、明らかに元気がありません。

私はハッとして、「〇〇さん、もしかして最近、どなたかとトラブルでもありましたか？」と尋ねてみました。

というのも、亡くなった方ではなく、生きている人のネガティブな思いが影響して心身のバランスを崩すことがあるからです。その奥さまの場合、どうやら生きている人の強い思いが渦巻いているようでした。

奥さまは「そういえば、心当たりがあるわ」と言うので、私は「生き霊」という形で生きている人の念が悪影響を与えることがあるという話をお伝えしました。

納得した奥さまは、ご自身が信仰する神さまに祈って守っていただくとおっしゃいました。

その後はすっかり元気になられて、今はご主人と二人、仲よく散歩を楽しんでいらっしゃいます。

生きている人が飛ばす念は、亡くなった方の念よりしつこい場合も多いのです。そして、その念を送っている本人は気がついていないことのほうが多いのです。

もちろん、そんな時でも、ご神仏が守ってくださいます。

また、自分が知らず知らずのうちに人を傷つけることがないようにもご神仏に祈りましょう。

ご神仏に応援される生き方を

私たち人間にとって、死は避けることができません。

ただし仏教では、死を悪いものだと捉えているわけではありません。

人間は、必ず死ぬものとして生まれてきます。人間は不死ではありませんから、生まれたての赤ちゃんですら、死を未来の現実のものとして生まれてきています。

死ぬのはごく自然なことなのです。そう思えば、死は忌み嫌うべきものではないとわかっていただけるのではないでしょうか。


仏教の立場からすると、死はひとつの通過点にすぎません。ひとつの人生を終えて浄土に還っても、また次の人生が始まり、現世での旅を繰り返します。

なぜ、この世界に生まれるかというと、ここでしかできない体験があるからです。

そして、その体験を通してしか悟りを開くことができないからです。

そのために、この世を選んで私たちは生まれてきているのです。

体験することはすべて、たとえば、病気の経過や人の生き死にでさえも、それぞれに意味深く、人にとっては今どんな状態であろうと「生きることそれ自体」がとても尊い経験なのです。

そのように魂が磨かれ、本来の輝く姿に還っていくのをご神仏はしっかりと守ってくださるので、私たちは何があっても安心なのです。

ご神仏の見守る中、私たちは自分という唯一の存在をこの世の限られた時間で紡いでいるのです。すべての人、すべての瞬間がみな等しく主人公であり、かけがえのない輝きなのです。

安心の中で、精いっぱい自分自身の最善を尽くす。ご神仏が望み、また応援してくれるのは、そういった生き方です。

ご神仏は、私たちにそんな生き方をしてほしいと望んでいらっしゃいます。

今生きていることが最大の不思議だと知る

第一章で、不思議な導きはいつもあなたの身近で起きているとお伝えしました。

その中でも、最大の不思議であり、誰もが経験している奇跡を、たった今あなたも味わっています。それは、あなたが今、生きていることです。

「当たり前のことじゃないか」と思うかもしれません。でも人間は、無数の条件が重ならないと、生命を維持できません。

あなたがこの時代、今いる場所で生きていること自体が奇跡的であり、強烈に不思議なことです。そして一人ひとり、必然性があって現在の場所にいます。

決して大げさな話ではありません。

いつ何が起こるかわからない世界で、ものすごいバランスの中で今、この瞬間、私たちの命は保たれているのですから。

この地球自体、奇跡的な確率で生命が生まれ、今に至ると言われています。

その貴重な環境のもと、私たちもまた、奇跡と言っていい縁によって生を受け、この世に生きています。そんな自分にダメ出しをするのは、このうえなく失礼なことなのです。

たとえば、呼吸ひとつにしても精妙な命のバランスによって成り立っています。

私たちはふだん何気なく息をしていますが、植物が二酸化炭素を吸収し、酸素を吐き出してくれなければ、呼吸はできません。

その植物は、水と大地と太陽の光が絶妙のバランスで存在しなければ育ちません。

ふだんは意識しませんが、そこにはさまざまな神秘があります。

私たちが言葉を使って意思を通わせられるように進化を遂げられたのも、驚異的なことであり、不思議としか言いようがありません。

人間だけでなく、すべての動植物、地球や無数の星々、そして宇宙という存在自体が不思議そのものです。

しかし私たちは、いつも日常を送ることに忙しく、自分が存在することが当たり前と思いすぎて、この世の不思議に思いをはせることがありません。だから、「あれが足りない」「これが気に入らない」と、つい文句ばかり口にしてしまいます。

時には、「なぜ、私は生まれてきてしまったのだろう」と絶望したり、「こんな家に生まれたくなかった」と不満をもったりしてしまいます。

でも、尊いご縁と、強烈な不思議があったからこそ、私たちは存在しているのです。

そしてそこには、ご神仏のはからいが色濃く働いているのです。

この奇跡的な事実をもう一度認識して自分自身や世界を見ると、それまで見えなかった多くのことが見え始めるのではないでしょうか。

人生には「成功」も「失敗」もない

よく「自分の人生は失敗続きだ」「あの人は人生の成功者だ」という言葉を聞きます。

しかし、その人生が失敗だったか成功だったかは、死ぬ時にしかわかりません。

もっと言えば、そもそも人生には世間で言う「失敗」も「成功」もないのです。

本来の意味での成功とは、「人生で起きるすべての経験を味わい尽くすこと」だからです。

ふだん、私たちが何気なくやっている選択は、自分で責任をもって選び、決めていることです。たとえば目の前のお菓子を食べることですら、大げさかもしれませんが、人生をかけて自分で選んでいると言っていいのです。

その結果、そのお菓子がまずかったとします。その時、「まずいお菓子を買って損した！」とがっかりするのか。それとも「なるほど、まずいお菓子ってこんな味なんだな。これも勉強だ」と味わってみるのかでは、ひとつの出来事の意味合いがまったく変わってきます。

たとえ、自分の選択が失敗だったと思っても、それを味わうのが自分の責任をまっとうすることであり、人生に責任をもつということです。

もし、その選択が間違っていたとしても、そこから得るものが必ず何かしらあります。見方を変えれば、その間違った選択をしたからこそ、次の選択へ進めたとも言えるのです。

自分で望んだ人生だから、自由に進んでいい

私たちの人生を、別のものにたとえてみましょう。

人生は、遊園地のジェットコースターのようなものだと思ってみてください。

恐怖心を超えた先にあるスリルと爽快感を楽しみたくて、「やだ〜、怖い！」と言いながら、みなさん行列してまで乗りますね。

実は、私たちの人生も同じです。誰もが、やるべきことややりたいことを楽しみたくて、ジェットコースターに乗るのと同じ感覚で、ワクワクしながらこの地球に生まれてきたようなものなのです。

自分からすすんでジェットコースターに乗りにきたにもかかわらず、それを忘れて「助けてー！」と叫んでいるのが悩みの中にいる私たちの姿なのです。

あるいは、「誰が私をジェットコースターに乗せたんだ！」と怒ったり、「私は遊園地になんか来たくなかった！」と嘆いたりしているのです。

でも、ポケットに手を入れてみると、遊園地のチケットが出てきます。すると、「あ、自分で買ってきたんだった」と気づき、「なあんだ、自分で望んで来たのか」と肩の力が抜けるはずです。

「なぜ自分は、こんなことをやっているのだろう。しんどいな」と嫌々ながらやっているか。

それとも、「この遊園地に来たくてやっと来られたんだ。スリリングで楽しい！」と、喜々として遊んでいるか。

どちらが楽しいでしょうか？　あなたもきっと想像できるでしょう。

たとえば、自分で望んで遊園地に来た人は、華やかなパレードを見て喜び、アトラクションを思いきり味わい尽くしますね。

しかし、無理やり連れてこられたと思っている人は、うつむいて地面ばかり見ているのでパレードにも気づけず、一刻も早く帰りたいと文句ばかり言うことでしょう。

遊園地は奇妙にも見えるさまざまなキャラクターや大きな音のするアトラクションだらけです。刺激が強いので、そこが遊園地だとわかっていない人には何を見ても怖いだけかもしれません。

自分が望んで来たことがわかれば、「ジェットコースターは飽きたからメリーゴーランドに乗り換えよう」と選び直すこともできますし、「ちょっとのどが渇いたな」と休憩することもできます。

そのようにひとつの考え方や生き方にとらわれず、自由に人生を進んでいけるようになるのです。


そうすると余裕が出てくるので、視界が広がり、何があってもドンと受けとめて、自分なりに人生を味わえるようになります。

自分で選んできたと気づけば、実生活で見える景色も違ってきます。

実際に見ている風景（現実）は同じでも、受け取り方が違ってくるのです。

たとえば、今は数十メートルの高さから猛スピードで落下する絶叫マシンに乗って恐怖で叫んだり、次は同じ落差を観覧車に乗ってまわりの景色をゆっくり見ながら降りていったり、それぞれの状況を楽しめるのです。

悩みも迷いも刺激のひとつ

地球という遊園地で遊び尽くして寿命が尽きる時、私たちはみんな、いったん「魂のふるさと」に還ります。

真言宗では、それを「阿字《あじ》のふるさと」と呼んでいます。

「阿」とは、大日如来さま、つまり宇宙を表す文字で、弘法大師空海が詠んだ次の歌が古くから伝わっています。

阿字の子が　阿字のふるさと　立ちいでて　また立ち帰る　阿字のふるさと

「阿字の子」とは、私たち人間のことです。

私たちは大日如来さまの片鱗としてこの世に出てきて、また大日如来さまの元に還っていく。つまり、宇宙から遊びにやって来て、遊び終わったらまた宇宙に還るのです。

ご神仏は、私たちがそのように宇宙から来て、また宇宙へ還っていく存在だと気づくようにいざなってくださっています。

しかし、ジェットコースターに無理やり乗せられたと思い込み、絶叫している時は何を言っても無駄です。ですから、私たちの手を取り足を取りして、絶叫しないところまで導いてくださいます。そして、いったんジェットコースターを降りて遊園地を見回してみるようにうながしてくださいます。

つまり、あなたの悩みや迷いを解決して、

「さあ、この刺激的な遊園地で何をして遊びたい？」

と聞いてくださるのです。

もし今、「まさに自分は絶叫マシンに乗せられている最中だ」と思うのなら、ご神仏があなたにアクセスしようと、これから手を変え品を変えアプローチしてくれると気づいてください。

自分をおろそかにしてはいけない

自分で今いる場所を選んでやって来たと気づき、余裕が出ると、「素《す》の自分」がわかるようになります。

たとえば、自分が本当は何が好きなのか、何をやりたいのか、そして、本当は何が嫌いで、何をやりたくないのか。ストレートに見られるようになるのです。

残念ながら、今の私たちは「あの人が楽しいと言っているから、私も楽しいはず」と思い込んでしまいがちです。しかし、「素の自分」の本心と違っている場合、しだいに落ち込んでいきます。

それは、自分自身をきちんと見られていないことが原因なのです。

ご神仏がチャンスを運んできた時も、それが自分にとって価値があるかどうかわからないので、すぐに飛び乗ることができません。

また、自分自身をわかっていないと、どんなに素晴らしい才能があっても生かせません。

素の自分を受けとめて、しっかりと認めて大事にすることで、本来の自分にとって一番自然な形で自分の人生を自立して生きていくことができるのです。

素の自分自身を知ろうとせず、目隠しをしてしまってはもったいないのです。

ご神仏は、あなたが自分を理解していけるように働きかけてくださいます。どうすれば、自分の足で自立して人生を歩いていけるか教えてくださいます。

本当の自分に気づくための第一歩が、この世にはジェットコースターを楽しみに来たのだと気づくことです。

そのために今の体と環境を選んでこの世にやって来た「私」は、何を経験しに、また、何を味わいに来たのだろうと考えてみると、さまざまな思い込みや偏見が取れるはずです。そして、素の自分と向き合えるはずです。そのプロセスも、ご神仏が導いてくださいます。

少し抽象的な話になりますが、真言密教では、自分自身を知ることは宇宙を知ることにつながると考えます。

なぜかというと、本当に自分を知るということは、自分の中の「ご神仏との関係」、そして自分の心と宇宙との関係性を知ることにもなるからです。

ご神仏はすべて大日如来さまの現れですから、宇宙そのものです。私たちは宇宙と同じくらい深く、尊く、広大な存在なのです。

密教には、信仰の対象として、仏の活動や宇宙を表す曼陀羅《まんだら》図があります。

弘法大師空海は、曼陀羅は「完成された行者の心」だと説きました。

行者とは密教の修行者です。完成された心とは、大日如来さまの宇宙の働きそのものです。すべての人の心の奥深くに、比較しがたい曼陀羅の完璧な働きが隠れているのです。

ですから、「あの人と比べて、私はダメだ」「自分には価値がない」などということは決してないのです。

思い込みの檻を出よう

ご神仏からすると、私たちは自分で頑丈な檻《おり》を作って、自分自身を閉じ込めているようなもののようです。

その檻は、自分や自分を取り巻く世界に対する「間違った思い込み」でできています。

たとえば、

「私の性格は○○だ」

「あの人は○○な人だ」

「○○さんと結婚しなければ私は幸せになれない」

「ここでしか生きられないから我慢しなければ」

など挙げたらキリがありません。

自分では正しいと思っているその「事実」は、本当は単なる「思い込み」にすぎないのです。

そのようにたくさんの思い込みをもつ私たちの姿は、ご神仏から見ると、ちょっと笑えるくらい丁寧に檻を作って、その中で「出られない！」ともがいている姿に映っているのです。

私たちはこれから、その檻を出ていかなければなりません。

でも、一気に檻を壊さなくてもいいのです。長年かけて築き上げ、丁寧に塗装までしてあるような頑丈な檻です。おそらくはすぐには壊れないでしょう。

タマネギの皮を1枚ずつむいていくように、気長に少しずつ崩していきましょう。

気がつくと、何にもとらわれるもののない自由な世界があなたのまわりに広がっているはずです。

悩みや迷いは幸せに変えられる

密教では、仏さまの現れでないものはこの世に存在しないと考えます。

私たちも含めた一つひとつの物質が、すべて仏さまの現れなのです。

そんな私たちはそれぞれ、自分自身にしかない輝きをもって生まれてきています。

それぞれが輝き合い、映し合い、影響し合って、素晴らしいこの世界の輝きとなります。

真言密教では、生きているうちに悟りを得ると、今の迷いに満ちた世界がそのまま美しく輝く浄十となるのだそうです。

その浄土を「密厳浄土《みつごん》」と呼びます。密厳浄土は突然出現するのではなく、自分のいる世界がそのまま輝かしい浄土であったことに気づくのだと思います。

私たちは本来、それぞれの素晴らしさで輝き合って、支え合い讃え合う素晴らしい密厳浄土に住んでいるのに、迷いの心がそれを見えなくしてしまっており、それにまったく気がつけないでいるのです。

ちょうど楽しい遊園地に来て「ここはどこ？　怖いよう！」とうずくまって泣いている子どものように、この世の美しさに気づいていないのが、悩める私たちです。

ご神仏は、私たちの肩を抱いてなぐさめ、優しく、時には厳しく、顔を上げるよう導いてくださいます。その導きを受け取って、あなたが顔を上げてみたら、キラキラと輝く世界が目に入るでしょう。

そして、喜びながら遊ぶことはもちろん、泣いたり怒ったり落ち込んだりすることも、すべて奇跡的な出来事であり、この世で味わい尽くしていく、いとおしい経験なのだと気づけるでしょう。

ご神仏は、ありとあらゆる手を使って、私たちの苦しみを抜き、幸せを与える働きをしてくださいます。この働きを「抜苦与楽《ばっくよらく》」と言います。

もともと仏教は、「人生は苦である」と教えてきました。これも、もちろん真理のひとつです。

しかし、あなたの心の中においでになるご神仏の働きにより、苦を楽に変えられます。この世で密厳浄土に住み、幸せになれるのです。

しかもあなたは、幸せを開く鍵をすでにもっているのです。

そう、その鍵こそ、あなたが今抱えている悩みや心の迷いなのです。

ご神仏と一緒に、どうぞ悩みや迷いを鍵に変えて、心安らかな幸せへの扉を開いていきましょう。

悩みや迷いを消し去る真言

最後に、今まさに悩んだり迷ったりしている最中にいる、という時にぜひ唱えてほしい真言をご紹介します。

「光明《こうみょう》真言」とは、真言宗では大日如来さまの光を表す真言とされています。

この真言を唱えると、大日如来さまの光が現れるとされていて、その光に照らされれば、よろしくない存在、いわゆる「魔」が消えてしまいます。

また、人間の迷いも悩みもきれいに消し去ってくれます。

ここでは真言と、日本語で功徳を記した「和讃《わさん》」の両方をご紹介します。

真言のみ唱えるのでもいいですが、よりお力をいただくために、和讃を唱えた後に続けて真言を3回、もしくは7回唱えることをおすすめします。

光明真言

おん　あぼきゃ　べいろしゃのう
まかぼだら　まに　はんどま
じんばら　はらばりたや　うん

光明真言和讃

帰命《きみょう》頂礼《ちょうらい》大灌頂《だいかんじょう》　光明《こうみょう》真言《しんごん》功徳力《くどくりき》
諸仏菩薩《しょぶつぼさつ》の光明《こうみょう》を　二十三字《にじゅうさんじ》に蔵《おさ》めたり
「おん」の一字《いちじ》を唱《とな》うれば　三世《みよ》の仏《ほとけ》にことごとく
香華燈明《こうげとうみょう》飯食《おんじき》の　供養《くよう》の功徳《くどく》具《そな》われり
「あぼきゃ」と唱《とな》うる功力《くりき》には　諸仏諸菩薩《しょぶつしょぼさつ》もろともに
二世《にせ》の求願《ぐがん》をかなえしめ　衆生《しゅじょう》を救《たす》け給《たも》うなり
「べいろしゃのう」と唱《とな》うれば　唱《とな》うる我等《われら》が其《そ》のままに
大日如来《だいにちにょらい》の御身《おんみ》にて　説法《せっぽう》し給《たも》う姿《すがた》なり
「まかぼだら」の大印《だいいん》は　生仏不二《しょうぶつふに》と印可《いんか》して
一切衆生《いっさいしゅじょう》をことごとく　菩提《ぼだい》の道《みち》にぞ入《い》れ給《たも》う
「まに」の宝珠《ほうしゅ》の利益《りやく》には　此世《このよ》をかけて未来《みらい》まで
福寿意《ふくしゅこころ》の如《ごと》くにて　大安楽《だいあんらく》の身《み》とぞなる

「はんどま」唱《とな》うるその人《ひと》は　いかなる罪《つみ》も消滅《しょうめつ》し
華《はな》の台《うてな》に招《まね》かれて　心《こころ》の蓮《はちす》を開《ひら》くなり
「じんばら」唱《とな》うる光明《こうみょう》に　無明変《むみょうへん》じて明《みょう》となり
数多《あまた》の我等《われら》を摂取《せっしゅ》して　有縁《うえん》の浄土《じょうど》に安《お》き給《たも》う
「はらばりたや」を唱《とな》うれば　万《よろず》の願望成就《がんもうじょうじゅ》して
仏《ほとけ》も我等《われら》も隔《へだ》てなき　神通自在《じんずうじざい》の身《み》を得《う》べし
「うん」字《じ》を唱《とな》うる功力《くりき》には　罪障深《ざいしょうふか》きわれわれが
造《つく》りし地獄《じごく》も破《やぶ》られて　忽《たちま》ち浄土《じょうど》と成《な》りぬべし
亡者《もうじゃ》のために呪《しゅ》を誦《じゅ》じて　土砂《どしゃ》をば加持《かじ》し回向《えこう》せば
悪趣《あくしゅ》に迷《まよ》う精霊《しょうりょう》も　速得解脱《そくとくげだつ》と説《と》きたまう
真言醍醐《しんごんだいご》の妙教《みょうきょう》は　余教超過《よきょうちょうか》の御法《みのり》にて
無辺《むへん》の功徳具《くどくそな》われり　説《と》くともいかで尽《つ》くすべき
南無大師遍照尊《なむだいしへんじょうそん》　南無大師遍照尊《なむだいしへんじょうそん》　南無大師遍照尊《なむだいしへんじょうそん》

前にご紹介した懺悔文では罪を懺悔して、ご神仏に許していただきますが、この光明真言はさらに積極的に罪を消してくれるのです。でも、それだけではなく、この真言には本当に多くの功徳があります。簡単にすごく超訳すると、「大日如来さまの光、ここに現れり」という感じの意味になります。

次のような時に唱えるといいでしょう。

■迷ったり、悩んだりしている時
■怖い感じがする場所に行く時
（夕方に墓地に行かなくてはならない、霊がいると噂されている場所に行く時など）
■何となく嫌な感じがする、という時
■変な音が聞こえて怖い、という時
■心身の不調を感じる時

また、自分のためだけでなく、周囲につらそうにしている人がいたら、その人のためにお唱えください。自分も含め皆が救われます。亡き人への供養にもなります。

こんな悩みはご神仏にお願いしてみよう

家族関係

十一面観音菩薩　他人の批判や悪口を言う心は厳しく諭し、苦しみは優しく取り除いてくれる。

不動明王　厳しくも深い愛で救ってくれる。悪い思いは焼きつくし、よい方向へ導いてくれる。

布袋尊　人を許し、大らかな気持ちになり、人と仲よくすごせるようになる。

弁財天　家族に害をなすものとの悪縁を切り、さまざまな良縁と結んでくれる。

恋愛

愛染明王　敬愛、慈愛という相手を大切に思う気持ちを育ててくれる。

弁財天　悪縁を切り、良縁と結んでくれる。

病気

薬師如来　私たちが心身ともに健やかに生きられるように取りはからってくれる。

不動明王　延命のご利益がある。魔を祓う。生霊を祓う。

聖観音菩薩　深い慈愛で慈しみ、災いや困難から守ってくれる。傷ついた心を癒してくれる。

人間関係（友人・知人、職場）

大黒天　理不尽なトラブルを退治してくれる。

文殊菩薩　みずからの偏見から起こる困難を解決する智恵をもたせてくれる。

経済面（金運）

大黒天　商売の神さま。豊かさと富をもたらしてくれる。

毘沙門天　手から無限に宝を湧き出させ、人々の願いに応じて与えてくれる福徳の神。

弁財天　才能、知識、人など豊かな暮らしに必要な良縁を結び、悪縁を切ってくれる。

技芸や勝負運も司る。

大聖歓喜天　他のご神仏に見捨てられた願いも必ず叶える。見捨てない。

芸能

荼枳尼天　芸能を得意とする美しい女神さま。良い方向にのびていけるような良縁を結んでくれる。

弁財天　悪縁を切り、良い縁を結ぶ。

勝負運

帝釈天　戦うことに優れた神さま。尻込みする人に勇気をくれる。

仕事

毘沙門天　障《さわ》りを排して商売を繁盛させる。

子ども、老人の保護、故人の供養

地蔵菩薩　弱い立場の人から優先して手を差し伸べ、時には自分が身代わりになって助けてくれる、深い愛情をもっている仏さま。

十三仏（不動明王、釈迦如来、文殊菩薩、普賢菩薩、地蔵菩薩、弥勒菩薩、薬師如来、観音菩薩、勢至菩薩、阿弥陀如来、阿閦如来、大日如来、虚空蔵菩薩）

故人はこの順に仏さまのもとを巡り供養されていく。

将来への不安

どのご神仏に願ってもいい。あるいは、大日如来さまに、

「将来の不安を解決するご神仏のところへ導いてください」

とお願いすると、必要なご神仏との縁をつなげてくれる。

災害への不安

白衣観音菩薩　海沿いや山に多く祀られ、災害から救ってくれる。

主なご神仏の得意分野一覧

毘沙門天《びしゃもんてん》
仕事　家族　厄除け　福徳
真言　オン　ベイシラマンダヤ　ソワカ

荼枳尼天《だきにてん》
仕事　人脈　運気改善　技芸
真言　オン　キリカク　ソワカ

大黒天《だいこくてん》
仕事　飲食　福徳
真言　オンマカキャラヤ　ソワカ

弁財天《べんざいてん》
恋愛　商売　技芸　人脈
真言　オン　ソラソバテイエイ　ソワカ

大聖歓喜天《だいしょうかんぎてん》
人間関係　運気改善　家族　福徳
真言　オン　キリクギャクウン　ソワカ

帝釈天《たいしゃくてん》

勝負　正義

真言　オン　インダラヤ　ソワカ

孔雀明王《くじゃくみょうおう》

不安　罪悪感　克服

真言　オン　マユラギランデイ　ソワカ

不動明王《ふどうみょうおう》

目標達成　運気改善　霊障

真言　ノウマクサンマンダ　バザラダンカン

愛染明王《あいぜんみょうおう》

恋愛　良縁

真言　オン　ウンダキウンジャク

地蔵菩薩《じぞうぼさつ》

死別の悲しみ　罪悪感　再出発

真言　オン　カカカビサンマエイ　ソワカ

文殊菩薩《もんじゅぼさつ》

克服　学業成就

真言　オン　アラハシャ　ノウ

馬頭観音菩薩《ばとうかんのんぼさつ》

ペット供養　罪悪感

真言　オン　アミリトドハンバ　ウンパッタ

千手観音菩薩《せんじゅかんのんぼさつ》

運気改善　眼病平癒　活路を見つける

真言　オン　バザラダラマキリク

十一面観音菩薩《じゅういちめんかんのんぼさつ》

人間関係　克服

真言　オン　マカキャロニキャ　ソワカ

如意輪観音菩薩《にょいりんかんのんぼさつ》

家族　目標達成　厄除け

真言　オン　ハンドメイ　シンダマニ　ジンバラ　ウン

聖観音菩薩《しょうかんのんぼさつ》

死別の悲しみ　克服

真言　オン　アロリキャ　ソワカ

白衣観音菩薩《びゃくいかんのんぼさつ》

災害　困難　魔を祓う

真言　オン　シベイテイシベイテイ　ハンダラバシニ　ソワカ

虚空蔵菩薩《こくうぞうぼさつ》

罪悪感　不安　厄除け

真言　ノウボウ　アキャシャキャラバヤ　オンアリ　キャ　マリボリ　ソワカ

釈迦如来《しゃかにょらい》

不安　克服　目標達成

真言　ノウマクサンマンダ　ボダナン　バク

薬師如来《やくしにょらい》

健康　家族　運気改善

真言　オン　コロコロセンダリマトウギソワカ

阿弥陀如来《あみだにょらい》

死別の悲しみ　克服　罪悪感　不安

真言　オン　アミリタ　テイセイ　カラウン

大日如来《だいにちにょらい》

運気改善

真言　オン　アビラウンケン　バザラダトバン

布袋尊《ほていそん》

人間関係　ストレス解消　福徳

真言　オン　マイタレイヤ　ソワカ

恵比寿天《えびすてん》

福徳　独立

祈り方　なむ　えびすてん（南無恵比寿天）

寿老人《じゅろうじん》

福徳　社会での人間関係　長寿

祈り方　なむ　じゅろうじん（南無寿老人）

福禄寿《ふくろくじゅ》
福徳 仕事運 子宝 長寿
祈り方 なむ ふくろくじゅ（南無福禄寿）

稲荷大明神《いなりだいみょうじん》
良縁 作物 仕事
祈り方 なむ いなりだいみょうじん（南無稲荷大明神）

三宝荒神《さんぽうこうじん》
福徳 仕事 悪縁を断つ
真言 オン ケンバヤケンバヤ ソワカ

龍神《りゅうじん》
開運 福徳
諸龍真言 オン メイギャシャニエイ ソワカ

[著者]
悟東あすか（ごとう・あすか）
東京都三鷹市生まれ。高野山真言宗尼僧であり、漫画家。娘をもつ母でもある。
幼い頃から「見えないもの」の存在を感じ、それに悩まされることもあったが、得度した時にお大師さまに願うことで、以後は祈る時にだけ感じられるようになり、現在に至る。
尼僧としては、1984年、高野山別格本山西禅院徒弟として得度。受明灌頂授了。2006年、高野山大学加行道場大菩提院にて加行成満。同年伝法灌頂授了。2007～2009年、高野山大学にて中院流一流伝授授了。
漫画家としては、吾妻ひでお氏と巴里夫氏に師事し、さいとうちほ、竹本泉、ささやななえこ等各氏のアシスタントを経て、1989年に集英社少年ジャンプ第30回赤塚賞準入選。同年週刊少年ジャンプ夏期増刊号にてデビュー。その後、毎日中学生新聞等で4コマ漫画や取材漫画等を連載する他に、『大法輪』をはじめとする仏教系雑誌や複数の宗派の機関紙に漫画やイラストを連載。
著書に『幸せを呼ぶ仏像めぐり』（二見書房）、『教えて！　仏さま』（じゃこめてい出版）、『幸せを呼ぶ龍神なぞり絵』（扶桑社）、『神さま仏さまがこっそり教えてくれたこと』（ダイヤモンド社）などがある。

神さま仏さまが教えてくれた
迷いをすっきり消す方法

2019年2月13日　第1刷発行
2022年5月24日　第4刷発行

著　者――悟東あすか
発行所――ダイヤモンド社
〒150-8409　東京都渋谷区神宮前6-12-17
https://www.diamond.co.jp/
電話／03･5778･7233（編集）　03･5778･7240（販売）
装幀――斉藤よしのぶ
カバー・本文イラスト――悟東あすか
写真撮影――松島和彦
構成――江藤ちふみ
編集協力――野本千尋
DTP製作――伏田光宏(F's factory)
製作進行――ダイヤモンド・グラフィック社
印刷――新藤慶昌堂
製本――本間製本
編集担当――酒巻良江

ISBN 978-4-478-10696-9